읽는 재미를 높인 초등 문해력 향상 프로그램!

바빠
독해
시리즈

바쁜
초등학생을 위한
빠른 독해

재미있고
궁금해서
자꾸 읽고 싶어요!

1 단계
초등 1~2학년

이지스에듀

영재 교육 선생님들의 선생님!

호사라 박사

분당 영재사랑(http://www.영재사랑.kr) 공동 대표
고려대학교 교육대학원 교수(전)
시도 교육청 영재교사연수 강사 역임

서울대학교 교육학과에서 학사와 석사 학위를, 버지니아 대학교(University of Virginia)에서 영재 교육학 박사 학위를 취득한 영재 교육 전문가이다. 미국 미연방영재센터에서 영재 교사 연수 프로그램과 영재 교육 프로그램을 개발한 다음 귀국 후에는 한국교육개발원에서 '창의성 교육 프로그램'을, 한국교육학술정보원에서 'Creative Thinker' 프로그램을 개발했다. 또한 고려대학교 교육대학원과 각 시도교육청 산하 영재교육원 교사들을 위한 강의를 통해 한국영재교육 인력을 양성하고 있는 '선생님들의 선생님'이다.

분당에 영재사랑 교육연구소를 설립하여 유년기(6세~13세) 영재들을 위한 논술, 수리, 탐구 프로그램을 직접 개발하여 수업을 진행하고 있다. 16년간의 지도 경험을 바탕으로 이번에는 모든 어린이를 위한 즐거운 독해 책을 고민하며 '바쁜 초등학생을 위한 빠른 독해'를 출간했다.

저서로는 《7살 첫 국어 1. 받침 없는 교과서 낱말》과 《7살 첫 국어 2. 받침 있는 교과서 낱말》 《바쁜 초등학생을 위한 빠른 맞춤법 1, 2》가 있다.

바쁜 초등학생을 위한 빠른 독해 1단계

초판 1쇄 발행 2021년 8월 25일
초판 9쇄 발행 2025년 1월 31일
지은이 분당 영재사랑 교육연구소, 호사라
발행인 이지연
펴낸곳 이지스퍼블리싱(주)
출판사 등록번호 제313-2010-123호
주소 서울시 마포구 잔다리로 109 이지스 빌딩 5층(우편번호 04003)
대표전화 02-325-1722   팩스 02-326-1723
이지스퍼블리싱 홈페이지 www.easyspub.com   이지스에듀 카페 www.easysedu.co.kr
바빠 아지트 블로그 blog.naver.com/easyspub   인스타그램 @easys_edu
페이스북 www.facebook.com/easyspub2014   이메일 service@easyspub.co.kr

기획 및 책임 편집 조은미, 정지연, 이지혜, 박지연, 김현주   교정 교열 박명희, 김아롬
디자인 정우영, 손한나   삽화 김학수, 이민영   사진 제공 Shutterstock.com   전산편집 트인글터   인쇄 보광문화사
영업 및 문의 이주동, 김요한(support@easyspub.co.kr)   마케팅 라혜주   독자 지원 박애림, 김수경

ISBN 979-11-6303-276-2 64710
ISBN 979-11-6303-275-5(세트)
가격 9,800원

• **이지스에듀**는 이지스퍼블리싱의 교육 브랜드입니다.
  (이지스에듀는 아이들을 탈락시키지 않고 모두 목적지까지 데려가는 정신으로 책을 만듭니다!)

호 박사

안녕하세요! 저는 어린이가 즐겁게 공부하는 방법을 연구하며 16년째 어린이들을 직접 지도하고 있는 호 박사예요.
어느 날 꿈속에서 네 어린이의 대화를 엿듣게 되었어요.

나는 책 읽기가 싫어. 혼자 가만히 읽고 있으면 지겹고 심심해.

나는 글을 대충대충 읽어. 맞힐 수 있는 문제도 자꾸 틀려서 속상해.

나는 독해 책을 풀다가 포기했어. 자꾸 틀려서 혼나는 게 싫거든.

나는 독해 책이 재미없어서 풀다 말았어. 웃으면서 푸는 독해 책은 없을까?

어린이들의 목소리와 표정이 너무나 생생해서 저는 이게 꿈인가, 생시인가 어리둥절했답니다. 여러분도 혹시 제 꿈에 들어왔었나요?
어쨌든 그날부터 저는 머리에 띠를 두르고 이 책을 쓰기 시작했어요. 심심하지 않고, 대충대충 읽는 습관을 고치고, 혼나지 않고, 웃으면서 즐겁게 공부할 수 있는 책을 상상하면서요. 이 책이 여러분 마음에 꼭 들었으면 좋겠어요!

분당에 사는 '호박 사' 아니고 호 박사가.

읽는 재미를 높인 초등 문해력 향상 프로그램

"재미있고 궁금해서 자꾸 읽고 싶은 독해 책이에요!"

2학년이 되면 교과서 글의 수준이 훌쩍 높아져요!

많은 부모님이 학교 공부가 쉽다는 자녀의 말에 안도하며 1학년을 보냅니다. 그러다 2학년이 되면 당혹스러워합니다. 국어 교과서에 '해거름,' '흉년'과 같은 어려운 낱말이 나오고, 심지어 수학 교과서의 지문조차 길어지기 때문이지요. 이때, 풍부한 독서 경험을 한 어린이는 배우는 내용이 어려워져도 파도를 잘 넘어갑니다.

하지만 '독서는 힘'이라는 사실을 안다 해도 우리의 고민과 궁금증은 사라지지 않습니다. '책을 얼마나, 어떻게 읽혀야 할까? 독서를 싫어하는 아이는 방법이 없는 걸까? 또 학년이 올라갈수록 '독서' 말고 놓치지 말아야 할 것은 무엇일까?'

모든 공부의 기본! '독해력'

바로 '독해력'입니다. '독해력'은 말 그대로 글을 읽고 뜻을 이해하는 능력입니다. 문제 상황을 글로 제시하고 해결하도록 요구하는 학교 평가에서 높은 성취를 이루려면, '독해력'이 필수입니다. 독해력은 단순히 글씨를 읽는 과정을 넘어 단어, 문장, 그리고 문단을 이해하는 과정을 반복해서 거치면서 길러집니다. 이때 거치는 과정은 학생들의 발달 단계에 맞게 차별화되어야 합니다.

1~2학년 국어 읽기 영역 성취 기준에 딱 맞춘 책!

그렇다면 1~2학년 학생에게는 어떤 과정이 알맞을까요? 초등 1~2학년 국어 읽기 영역 성취 기준은 다음과 같습니다.

1) 글자, 낱말, 문장을 소리 내어 읽는다.
2) 문장과 글을 알맞게 띄어 읽는다.
3) 글을 읽고 주요 내용을 확인한다.
4) 글을 읽고 인물의 처지와 마음을 짐작한다.
5) 글 읽기에 흥미를 가지고 책을 즐겨 읽는 태도를 지닌다.

'바빠 독해'는 위 성취 기준에 기반을 둔 프로그램입니다. 어린이는 소리 내어 지문을 읽는 것으로 시작해서, 주요 내용을 확인하고, 인물의 처지와 마음을 짐작하는 과정을 반복해서 접하게 됩니다.

1·2학년이 직접 고른 재미있는 이야기들!

이 책은 "어린이가 웃으면서 푸는 독해 책은 없을까?" 고민하며 쓴 책입니다. '바빠 독해' 프로그램을 개발하기 위해 저는 저학년이 가장 재미있어 하는 글감을 고른 다음, 연구소에서 실제 1, 2학년 친구들에게 보여 주고 정말 관심을 갖고 흥미로워하는 이야기만 선별했습니다. 또한 1, 2학년의 집중력이 유지될 만한 분량으로 지문을 구성했습니다.

'문해력'도 함께 길러요!

최근 '문해력'이 주목받고 있습니다. 문해력은 글을 읽고, 이해하고, 표현해 내는 능력입니다. 저는 이 책을 통해 문해력까지 길러 줄 수 있는 방법은 없을지 고민했습니다. 그래서 보기 중 맞는 답을 고르는 다른 독해 책들과 달리, 이 책에는 '바빠독', '바쁘냥'과 같은 '화자'들이 선택지에 등장합니다. 어린이들이 이들에 자신을 대입해 보며 글에 대한 자신의 생각을 말해 본다면 '문해력'도 함께 기를 수 있습니다.

초등 교과의 배경지식은 저절로!

이 책은 '이솝 우화', '과학 상식', '전래 동화', '사회 상식'으로 구성되어 있습니다. 다채로운 주제를 읽다 보면 국어, 사회, 과학 교과의 배경지식이 저절로 쌓여 학교 공부에도 도움이 될 거예요!

우리 아이들이 '바빠 독해' 책으로 더 즐겁게 독해력, 문해력을 키우기를 진심으로 바랍니다!

분당 영재사랑 교육연구소, 호사라 박사

이 책을 효과적으로 공부하는 방법

같이
읽어 볼까?

🔊) 이 책은 반드시 소리 내어 읽는 것으로 시작하세요.
　　소리 내어 읽으면 내용을 상상하고 머릿속에서 정리 정돈하게 돼요.

1. 어휘력

낱말 뜻부터 알자!

낱말의 뜻을 생각하며 빈칸을 채워 보세요. 낱말의 뜻을 잘 모른 채 글을 읽으면 내용을 오해하게 돼요.

> **1** 빈칸에 알맞은 말을 넣어 설명을 완성하세요.
> [어휘력]
> 보기
>
> | 척 | 화 | 해 |
> |---|---|---|
>
> | 노을 | **해** 가 질 때 하늘이 붉게 보이는 것. |
> | 붉으락푸르락 | ☐ 가 나서 얼굴색이 변하는 모양. |
> | 시치미를 떼다 | 알면서 모르는 ☐ 하다. |

2. 이해력

자세히 들여다보자!

'누가, 무엇을, 어떻게, 언제, 왜?'
읽은 글의 중심 내용을 떠올려 보세요.

>
> **2** ☐ 안에 들어갈 내용으로 알맞은 것에 O표 하세요.
> [이해력]
> ❶ 여우는 두루미를 [저녁 | 점심] 식사에 초대했어요.
> ❷ 두루미는 [맛이 없어서 | 어쩔 수 없이] 음식을 먹지 못했어요.
> ❸ 여우는 먹지 못하는 두루미를 보며 [시치미를 뗐어요 | 미안해했어요].

호 박사

부모님과 선생님, 이렇게 도와주세요!

⭐ 이 책의 글감을 읽을 때 어린이 한 줄, 부모님 한 줄 또는 등장인물을 나누어 읽으면 더 재미있어요!

⭐ 맞춤법은 어른도 어려워하는 부분이니 틀려도 절대 혼내지 마세요! 어려워하는 어린이에게는 지문에서 힌트를 찾은 뒤 써 보라고 용기를 주세요!

⭐ 공부방 선생님께: 월요일~목요일은 하루에 2과씩 풀고, 금요일은 복습 페이지를 푼 다음 마당별로 틀린 문제를 정리하게 하세요. 이 책을 4주에 완성할 수 있습니다!

3. 사고력

한 걸음 떨어져서 생각하자!

등장인물의 마음과 처지, 내용 사이의 관계를 생각해 보세요. 바빠독과 바쁘냥처럼 글에 대한 자신의 생각을 말해 본다면 '문해력'까지 기를 수 있어요.

3 글의 내용을 잘 이해한 친구는 누구인가요? (   )
사고력

① 동물의 똥 색은 몸집의 크기에 따라 달라질 거야.
바쁘냥

② 달팽이의 똥 색은 먹이와 관련이 있을 거야.
바빠독

4. 내용 정리

글의 짜임새를 되새기자!

중심 내용을 떠올리며 읽은 글의 짜임새를 저장하세요! 읽은 글의 내용을 4단계로 요약할 수 있다면 독해력의 90%는 완성된 거나 마찬가지예요!

글을 읽고 4단계로 요약하는 습관을 기르면 최고!

4 줄거리입니다. 빈칸에 들어갈 말을 골라 쓰세요.
내용 정리

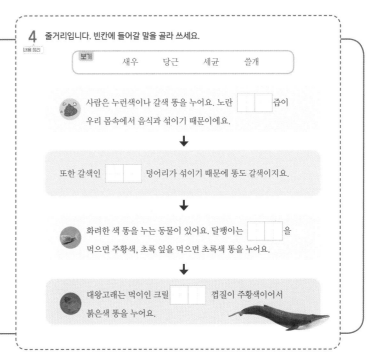

보기   새우   당근   세균   쓸개

사람은 누런색이나 갈색 똥을 누어요. 노란 [   ] 즙이 우리 몸속에서 음식과 섞이기 때문이에요.

↓

또한 갈색인 [   ] 덩어리가 섞이기 때문에 똥도 갈색이지요.

↓

화려한 색 똥을 누는 동물이 있어요. 달팽이는 [   ]을 먹으면 주황색, 초록 잎을 먹으면 초록색 똥을 누어요.

↓

대왕고래는 먹이인 크릴 [   ] 껍질이 주황색이어서 붉은색 똥을 누어요.

5. 맞춤법

문법 실력도 기르자!

읽은 글에서 여러 가지 맞춤법과 띄어쓰기를 익혀 보세요. 받아쓰기 시험에도 자신감이 생길 거예요!

5 밑줄 친 부분을 바르게 띄어 쓰세요.
맞춤법

읽을 때는 한 덩어리로 읽더라도, 실제로는 두 낱말이어서 쓸 때는 띄어 써야 해요.

☆ 음식찌꺼기와 함께 ➜ [| | | V | |] 와 함께

☆ 붉은색똥을 누어요. ➜ [| | V | |] 을 누어요.

바쁜 초등학생을 위한 빠른 독해 ❶ 단계

📖 초등 교과연계

친구들이 직접 고른 재미있는 이야기들!

학교 공부에도 도움이 되네!

대장

 차 례

바쁜 초등학생을 위한 빠른 독해 ❷단계

2단계 차례도 살펴보세요!

📖 초등 교과 연계

이솝 우화

이솝은 고대 그리스의 이야기꾼이에요. 노예의 아들로 태어났지만 임금님의 스승까지 되었으며 지금은 전 세계가 사랑하는 이야기꾼이 되었지요. 국어 교과서에 자주 등장하는 그의 이야기는 재미있고 인성을 기르는 데도 도움이 돼요. 첫째 마당을 통해 독해력을 기르는 여행의 첫걸음을 떼어 보세요.

이솝 우화

여우와 두루미 ①

🔊 **다음 글을 소리 내어 읽어 보세요.**

장난꾸러기 여우가 두루미를 저녁 식사에 초대했어요.

"특별 요리를 만들어서 널 대접하고 싶어."

노을이 질 무렵, 두루미는 여우의 집에 찾아갔어요.

"어서 와, 친구야!"

여우는 곧 음식을 내왔어요.

"네가 좋아하는 생선 수프야. 많이 먹어, 두루미야."

그런데 수프가 납작한 접시에 담겨 있는 게 아니겠어요? 두루미의 기다란 부리로는 도저히 먹을 수 없었지요. 여우의 장난을 눈치챈 두루미의 얼굴은 붉으락푸르락 달아올랐어요.

그러나 여우는 시치미를 떼며 말했어요.

"내가 정성껏 만든 음식인데, 안 먹을 거면 이리 줘!"

여우는 얄미운 표정으로 두루미의 몫까지 먹어 치웠어요. 결국 두루미는 배고픈 채로 집으로 돌아왔지요.

아! 배고파….

1 빈칸에 알맞은 말을 넣어 설명을 완성하세요.

어휘력

보기

| 척 | 화 | 해 |

노을	**해** 가 질 때 하늘이 붉게 보이는 것.
붉으락푸르락	가 나서 얼굴색이 변하는 모양.
시치미를 떼다	알면서 모르는 하다.

2 안에 들어갈 내용으로 알맞은 것에 O표 하세요.

이해력

❶ 여우는 두루미를 [저녁 | 점심] 식사에 초대했어요.

❷ 두루미는 [맛이 없어서 | 어쩔 수 없이] 음식을 먹지 못했어요.

❸ 여우는 먹지 못하는 두루미를 보며 [시치미를 뗐어요 | 미안해했어요].

3 두루미는 음식을 모두 먹어 치우는 여우를 보며 어떤 생각을 했을까요? (　　　)

사고력

① '정성껏 만들었는데 미안하네.'

② '여우가 나에게 장난을 쳤구나!'

③ '특별 요리 비법이 뭘까?'

4 줄거리입니다. 빈칸에 들어갈 말을 골라 쓰세요.

내용 정리

보기   초대   음식   얄미운   부리

장난꾸러기 여우가 두루미를 저녁 식사에 ☐☐ 했어요.

↓

노을이 질 무렵, 두루미는 여우의 집을 찾아갔어요.

여우는 두루미를 반갑게 맞이하며 ☐☐ 을 내왔어요.

↓

그러나 음식은 납작한 접시에 담겨 있어서 두루미의

기다란 ☐☐ 로는 도저히 먹을 수 없었어요.

↓

여우는 ☐☐☐ 표정으로 두루미의 몫까지 모두 먹어 치웠어요.

두루미는 배고픈 채로 집으로 돌아왔지요.

5 파란색 글자를 바르게 고쳐 쓰세요.

맞춤법

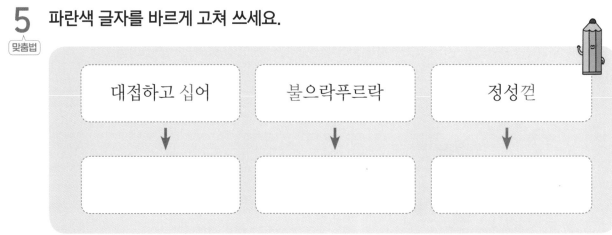

대접하고 십어	불으락푸르락	정성껃
↓	↓	↓

14

🔊 **다음 글을 소리 내어 읽어 보세요.**

며칠 뒤, 이번에는 두루미가 여우를 저녁 식사에 초대했어요.

"내가 맛있는 음식으로 보답할게."

저녁이 되자 여우는 들뜬 마음으로 두루미 집에 갔어요.

두루미의 집에서는 고소한 고기 냄새가 솔솔 풍겼어요.

두루미가 여우를 반갑게 맞이했지요.

"어서 와, 친구야!"

두루미는 곧 음식을 내왔어요.

"네가 좋아하는 고기로 음식을 만들었어. 많이 먹으렴!"

그런데 음식이 목이 좁고 긴 유리병에 담겨 있는 게 아니겠어요?

여우의 뭉뚝한 주둥이로는 도저히 먹을 수 없었지요.

자신이 당한 걸 눈치 챈 여우를 보며 두루미가 말했어요.

"내가 정성껏 준비한 음식인데, 안 먹을 거면 이리 줘!"

두루미는 만족스러운 표정으로 여우의 몫까지 모두 먹어 치웠어요. 여우는 쩝쩝 입맛만 다시며 두루미를 물끄러미 바라보았지요.

빈칸에 알맞은 말을 넣어 설명을 완성하세요.

보기

가만히   은혜   설레다

보답	은혜 를 갚음.
들뜨다	기대되고 ⬜⬜⬜ .
물끄러미	⬜⬜⬜ 한곳을 바라보는 모양.

⬜ 안에 들어갈 내용으로 알맞은 것에 O표 하세요.

❶ 두루미 집에 갈 때 여우의 마음은 │ 아팠어요 │ 들떴어요 │ .

❷ 두루미의 요리는 여우가 │ 먹기 좋게 │ 먹을 수 없게 │ 담겨 있었어요.

❸ 여우는 두루미의 요리를 │ 마음껏 먹었어요 │ 바라만 보았어요 │ .

여우는 음식을 모두 먹어 치우는 두루미를 보며 어떤 생각을 했을까요? (   )

① '두루미는 요리 천재구나!'

② '두루미는 정말 고마운 친구야!'

③ '이번에는 내가 당했구나!'

4 줄거리입니다. 빈칸에 들어갈 말을 골라 쓰세요.

> **보기**
>
> 보답   주둥이   준비한   고기

며칠 뒤, 이번에는 두루미가 □□한다며 여우를 초대했어요.

↓

여우가 두루미 집에 가자 고소한 □□ 냄새가 풍겼어요.

↓

그러나 목이 좁고 긴 병에 음식이 담겨 있어서 여우의 뭉뚝한 □□□로는 도저히 먹을 수 없었어요.

↓

두루미는 □□□ 음식을 모두 먹어 치웠고, 여우는 바라보기만 했어요.

5 파란색 글자를 바르게 고쳐 쓰세요.

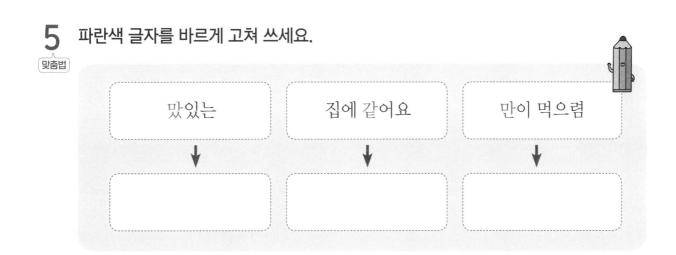

맞있는   집에 같어요   만이 먹으렴

↓   ↓   ↓

하늘을 날고 싶은 거북 ①

🔊 다음 글을 소리 내어 읽어 보세요.

바다에 사는 거북이 독수리를 찾아갔어요.

"독수리야, 나에게 하늘을 나는 법 좀 가르쳐 줘!"

독수리는 어이없다는 표정으로 거북을 쳐다보았어요.

"그게 무슨 말이니?"

"나도 너처럼 하늘을 날아 보고 싶어."

"거북아, 너는 날개가 없어서 안 돼."

독수리는 거절했지만, 거북은 매일 찾아와서 졸랐지요.

그러던 어느 날 거북이 굳게 결심한 듯 말했어요.

"독수리야, 그럼 내 몸을 하늘로 들어 올려만 줘."

"아니, 그건 또 무슨 소리야?"

"하늘로 올려만 주면 나는 법은 혼자 배울게."

독수리는 고개를 절레절레 흔들었어요.

"하늘에서 떨어지면 네가 죽을 수도 있어."

그러나 거북은 자신만만하게 대꾸했어요.

"괜찮아. 나에게는 단단한 등딱지가 있으니까!"

안 돼!

나도 날고 싶어!

1 빈칸에 알맞은 말을 넣어 설명을 완성하세요.

어휘력

보기

자신　기가　마음	

어이없다	너무 ☐☐ 막히다.	
결심하다	꼭 하겠다고 ☐☐을 굳게 먹다.	
자신만만하다	매우 ☐☐ 있어 하다.	

2 ☐ 안에 들어갈 내용으로 알맞은 것에 O표 하세요.

이해력

❶ 거북은 독수리에게 │ 뛰는 ┊ 나는 │ 법을 가르쳐 달라고 했어요.

❷ 독수리는 거북의 부탁을 │ 거절했어요 ┊ 들어주었어요 │.

❸ 거북은 하늘에서 떨어져도 괜찮다고 │ 자신만만하게 ┊ 덜덜 떨면서 │ 대꾸했어요.

3 거북은 어떤 표정으로 말했을까요? (　　　)

사고력

독수리야, 그럼 내 몸을 하늘로 들어 올려만 줘.

① 개구쟁이 표정

② 마음을 굳게 먹은 표정

4 줄거리입니다. 빈칸에 들어갈 말을 골라 쓰세요.

내용 정리

> 보기
>
> 하늘 　 등딱지 　 독수리 　 날개

거북이 ☐☐☐ 를 찾아가 하늘을 나는 법을 가르쳐 달라고 했어요.

↓

독수리는 거북에게 ☐☐ 가 없어서 안 된다고 거절했어요. 그러나 거북은 매일 졸랐지요.

↓

그러던 어느 날 거북은 독수리에게 ☐☐ 로 들어 올려만 달라고 부탁했어요.

↓

독수리는 거북이 죽을 수도 있다고 했지만, 거북은 ☐☐☐ 가 있어서 괜찮다고 했어요.

5 파란색 글자를 바르게 고쳐 쓰세요.

맞춤법

어이업다	찾아와서	괜찬아
↓	↓	↓

이솝 우화

하늘을 날고 싶은 거북 ②

🔊)) 다음 글을 소리 내어 읽어 보세요.

거북은 독수리를 조르고 또 졸랐어요.

독수리는 어쩔 수 없이 거북의 부탁을 들어주었어요. 독수리는 거북의 등딱지를 힘껏 움켜쥐고 하늘로 올라갔어요.

잠시 뒤, 거북은 신이 나서 말했어요.

"독수리야, 이제 나도 날 수 있을 것 같아. 네 날개처럼 다리를 빠르게 휘저으면 될 것 같은데?"

"거북아, 다리는 날개랑 달라. 네가 죽을 수도 있다니까!"

독수리는 거북을 걱정하며 말했어요.

"너, 지금 날개가 없다고 나를 무시하니?"

거북은 독수리에게 화를 냈어요.

"나를 그만 놔 줘! 나도 날 수 있다고!"

거북은 발버둥을 치기 시작했어요. 그 바람에 독수리가 거북의 등딱지를 놓치고 말았어요. 그러자 거북은 신이 나서 외쳤어요.

"와! 나도 날 수 있다!"

환호성을 지르던 거북은 결국 땅으로 떨어져 크게 다쳤답니다.

1 빈칸에 알맞은 말을 넣어 설명을 완성하세요.

_{어휘력}

보기

기뻐서   다리   오므려

움켜쥐다	손가락이나 발가락을 ⬚⬚⬚ 꽉 잡다.
발버둥	몸과 ⬚⬚ 를 흔들며 몸부림을 치는 일.
환호성	⬚⬚⬚ 크게 지르는 소리.

2 ⬚ 안에 들어갈 내용으로 알맞은 것에 O표 하세요.

_{이해력}

❶ 거북은 다리를 [빠르게 | 천천히] 휘저으면 날 수 있다고 생각했어요.

❷ 독수리는 날개가 없는 거북을 [무시했어요 | 걱정했어요].

❸ 거북은 결국 [나는 법을 배웠어요 | 땅에 떨어졌어요].

3 거북은 어떤 표정으로 말했을까요? (   )

_{사고력}

너, 지금
날개가 없다고
나를
무시하니?

① 고마운 표정

② 화난 표정

22

4 줄거리입니다. 빈칸에 들어갈 말을 골라 쓰세요.

내용 정리

보기　　　떨어져　　무시　　다리　　등딱지

독수리는 어쩔 수 없이 거북의 ☐☐☐ 를 움켜쥐고 하늘로 올라갔어요.

⬇

신이 난 거북은 ☐☐ 를 빠르게 휘저으면 자신도 날 수 있을 것 같다고 했어요.

⬇

독수리가 다리는 날개와 다르다고 하자 거북은 독수리가 자기를 ☐☐ 한다며 발버둥을 쳤어요.

⬇

그 바람에 독수리가 등딱지를 놓치자 거북은 땅으로 ☐☐☐ 크게 다쳤답니다.

5 파란색 글자를 바르게 고쳐 쓰세요.

맞춤법

힘껀　　→　　☐

날개가 업다고　　→　　☐

크게 다쳤담니다　　→　　☐

욕심쟁이와 땅콩 ①

🔊 다음 글을 소리 내어 읽어 보세요.

　　한 소녀가 밖에서 놀다가 배가 고파서 집으로 들어왔어요. 배에서 꼬르륵꼬르륵 소리가 났어요. 소녀는 간식을 찾아 두리번거렸어요.

　　마침 식탁에 놓인 항아리가 눈에 띄었어요. 처음 보는 항아리에 소녀는 고개를 갸우뚱했어요. 그런데 항아리 안에서 고소한 냄새가 풍기는 게 아니겠어요? 항아리 안을 들여다본 소녀는 입맛을 다셨어요.

　　"우아! 내가 좋아하는 땅콩이다!"

　　소녀는 입 안에 군침이 고여 침을 꼴깍 삼켰어요. 그리고 서둘러 항아리 안으로 손을 넣었지요. 항아리 입은 좁아서 힘을 주어 손을 밀어 넣어야 했어요.

　　마침내 소녀는 주먹 한가득 땅콩을 쥐었어요.

1 빈칸에 알맞은 말을 넣어 설명을 완성하세요.

어휘력

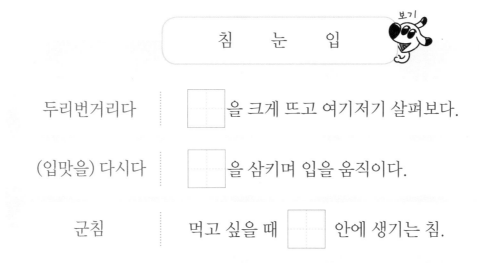

침   눈   입   보기

두리번거리다 ┊ □ 을 크게 뜨고 여기저기 살펴보다.

(입맛을) 다시다 ┊ □ 을 삼키며 입을 움직이다.

군침 ┊ 먹고 싶을 때 □ 안에 생기는 침.

2 □ 안에 들어갈 내용으로 알맞은 것에 O표 하세요.

이해력

❶ 소녀는 배가 ┃ 고픈 ┊ 아픈 ┃ 상태였어요.

❷ 항아리 입은 좁아서 손이 ┃ 쉽게 ┊ 어렵게 ┃ 들어갔어요.

❸ 소녀는 땅콩을 ┃ 주먹 한가득 ┊ 한두 개만 ┃ 쥐었어요.

3 소녀는 어떤 표정이었을까요? (   )

사고력

소녀는 주먹 한가득 땅콩을 쥐었어요.

① 기대에 찬 표정

② 실망한 표정

4 줄거리입니다. 빈칸에 들어갈 말을 골라 쓰세요.

내용 정리

보기

한가득   간식   항아리   입

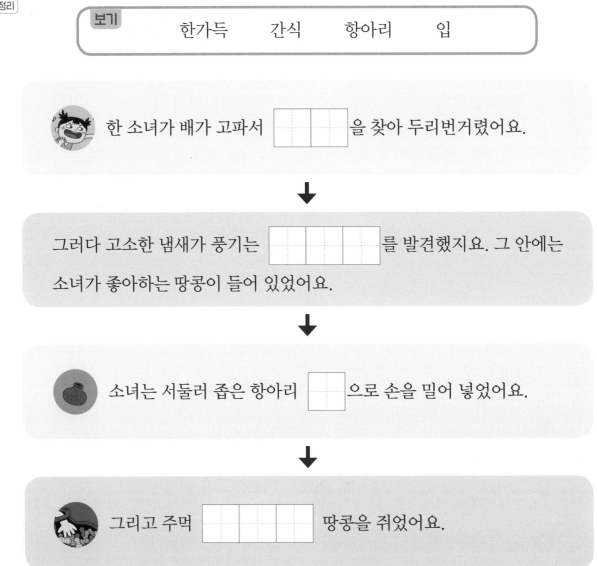

한 소녀가 배가 고파서 ☐☐ 을 찾아 두리번거렸어요.

↓

그러다 고소한 냄새가 풍기는 ☐☐☐ 를 발견했지요. 그 안에는 소녀가 좋아하는 땅콩이 들어 있었어요.

↓

소녀는 서둘러 좁은 항아리 ☐ 으로 손을 밀어 넣었어요.

↓

그리고 주먹 ☐☐☐ 땅콩을 쥐었어요.

5 파란색 글자를 바르게 고쳐 쓰세요.

맞춤법

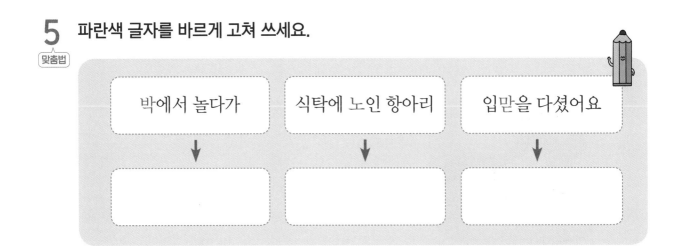

박에서 놀다가	식탁에 노인 항아리	입맛을 다셨어요
↓	↓	↓

욕심쟁이와 땅콩 ②

🔊)) **다음 글을 소리 내어 읽어 보세요.**

소녀는 항아리에서 땅콩을 움켜쥔 주먹을 빼려고 안간힘을 썼지
만 소용이 없었어요.

때마침 집으로 돌아오신 할아버지가 울먹이는 소녀를 보았어요.

"애야, 왜 그러니?"

"할아버지, 아무리 해도 주먹이 안 빠져요."

할아버지는 입가에 미소를 지으며 말씀하셨어요.

"애야, 손에서 땅콩을 반쯤 놓으렴. 그럼 쉽게 빠질 거다."

소녀는 쥐고 있던 땅콩을 반쯤 덜어 놓았어요. 그리고 주먹을 살
살 빼자 조금씩 빠져나왔어요. 그제야 소녀는 안심한 듯 방긋 웃었
어요.

할아버지는 인자한 목소리로 말씀하셨어요.

"욕심을 조금만 버리면 문제가 잘 해결된단다."

소녀는 고개를 끄덕였어요.

손에 쥔 땅콩을
반쯤 놓으렴.

1 빈칸에 알맞은 말을 넣어 설명을 완성하세요.

어휘력

보기

마음 애쓰는 웃는

안간힘	어떤 일을 해내려고 [ ][ ][ ] 힘.	
방긋	입을 약간 벌리며 [ ][ ] 모양.	
인자하다	사랑이 많고 [ ][ ]이 넓다.	

2 ▢ 안에 들어갈 내용으로 알맞은 것에 O표 하세요.

이해력

❶ 땅콩을 가득 움켜쥔 주먹은 항아리에서 [잘 안 | 쉽게] 빠졌어요.

❷ 할아버지는 소녀에게 땅콩을 [반쯤 놓으라고 | 움켜쥐라고] 하셨어요.

❸ 주먹이 빠져나오자 소녀는 [엉엉 울었어요 | 방긋 웃었어요].

3 소녀는 항아리에서 주먹을 뺀 후에 어떤 생각을 했을까요? ( )

사고력

① '너무 욕심을 부리지 말아야겠어.'

② '할아버지는 욕심쟁이야.'

③ '다음에는 땅콩을 더 많이 집어야지.'

4 줄거리입니다. 빈칸에 들어갈 말을 골라 쓰세요.

내용 정리

보기				
	해결	집	반쯤	주먹

소녀는 항아리에 넣은 [ ][ ]이 잘 빠지지 않아 울먹였어요.

↓

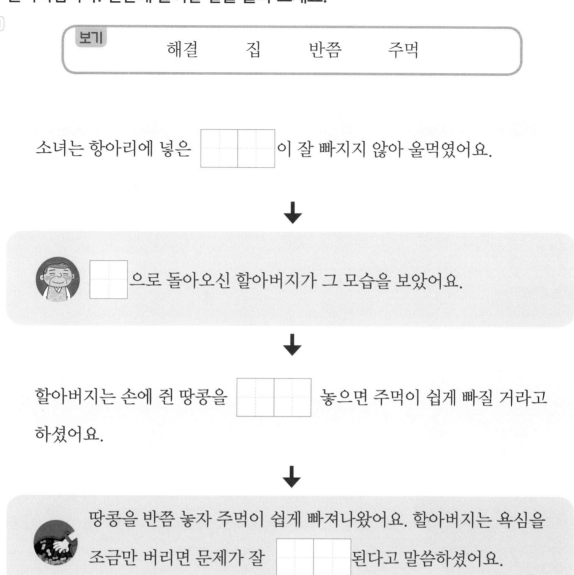

[ ]으로 돌아오신 할아버지가 그 모습을 보았어요.

↓

할아버지는 손에 쥔 땅콩을 [ ][ ] 놓으면 주먹이 쉽게 빠질 거라고 하셨어요.

↓

땅콩을 반쯤 놓자 주먹이 쉽게 빠져나왔어요. 할아버지는 욕심을 조금만 버리면 문제가 잘 [ ][ ]된다고 말씀하셨어요.

5 파란색 글자를 바르게 고쳐 쓰세요.

맞춤법

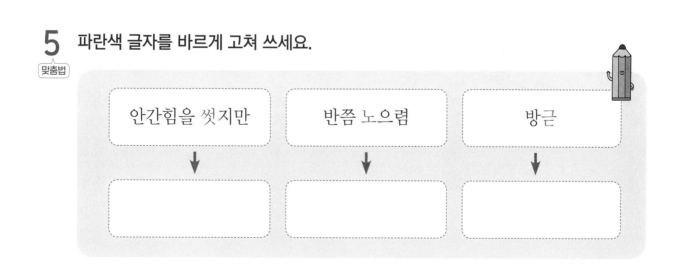

안간힘을 썻지만	반쯤 노으렴	방글
↓	↓	↓

이솝 우화

개미와 번데기 ①

🔊 다음 글을 소리 내어 읽어 보세요.

폭풍우가 몰아친 다음날, 개미굴에서 개미가 얼굴을 쏙 내밀었어요.

"비바람이 그쳤네. 떨어진 먹이가 있는지 밖으로 나가 봐야겠다."

개미는 나무가 우거진 쪽으로 가다가 이상한 것을 보았어요. 바로 나뭇가지에 붙어 있는 번데기였지요.

"어, 저건 뭐지? 솔방울인가?"

그러자 작은 목소리가 들려왔어요.

"나도 너처럼 곤충이야. 지금은 번데기이지만……."

난생처음 번데기를 본 개미는 그 말을 믿지 않았어요.

"넌 더듬이도 없고, 다리도 없잖아?"

"어른 곤충이 되려고 잠깐 기다리고 있는 거야."

"너처럼 못생긴 곤충은 처음 본다. 게다가 걷지도 못하잖아!"

"어쨌든 나도 곤충이야."

"네가 곤충이라면 나는 사람이겠네?"

개미는 빈정대며 갈 길을 갔어요.

1 빈칸에 알맞은 말을 넣어 설명을 완성하세요.

어휘력

보기

| 모여 | 비웃고 | 한꺼번 |

| 몰아치다 | | | | 에 몰려오다. |

| 우거지다 | 풀과 나무가 많이 | | | 있다. |

| 빈정대다 | 남을 | | | | 놀리다. |

2 ⬜ 안에 들어갈 내용으로 알맞은 것에 O표 하세요.

이해력

❶ 개미는 폭풍우가 몰아친 [그날 | 다음날] 먹이를 찾으러 나왔어요.

❷ 번데기는 자신이 [곤충 | 솔방울] 이라고 했어요.

❸ 개미는 번데기의 말을 [그대로 믿었어요 | 믿지 않았어요].

3 개미가 생각하는 곤충의 특징으로 알맞은 것은 무엇인가요? ( )

사고력

① 더듬이와 다리가 있어야 해요.

② 솔방울처럼 생겨야 해요.

③ 사람처럼 생겨야 해요.

4 줄거리입니다. 빈칸에 들어갈 말을 골라 쓰세요.

내용정리

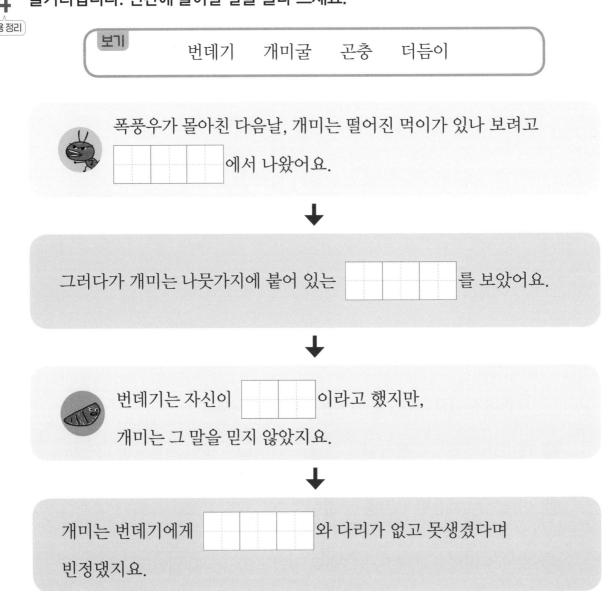

보기　　　번데기　　개미굴　　곤충　　더듬이

폭풍우가 몰아친 다음날, 개미는 떨어진 먹이가 있나 보려고
☐☐☐ 에서 나왔어요.

그러다가 개미는 나뭇가지에 붙어 있는 ☐☐☐ 를 보았어요.

번데기는 자신이 ☐☐ 이라고 했지만,
개미는 그 말을 믿지 않았지요.

개미는 번데기에게 ☐☐☐ 와 다리가 없고 못생겼다며
빈정댔지요.

5 파란색 글자를 바르게 고쳐 쓰세요.

맞춤법

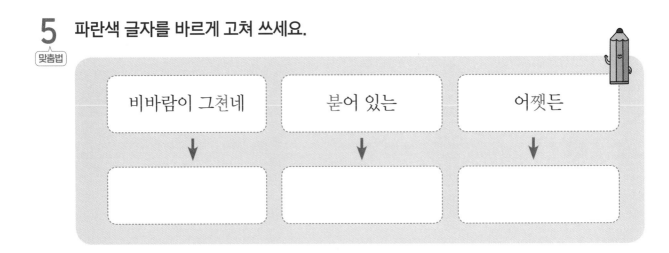

비바람이 그천네	붙어 있는	어쨋든
↓	↓	↓

개미와 번데기 ②

🔊) 다음 글을 소리 내어 읽어 보세요.

　며칠 뒤, 개미가 먹이를 나르고 있을 때 갑자기 소나기가 쏟아졌어요. 개미는 후다닥 나무 밑으로 피했어요.

　비가 그치자 날씨는 다시 화창해졌지만, 땅이 너무 질퍼덕거렸어요. 개미는 먹이를 물고 걷기가 아주 힘들었지요.

　"어휴, 이럴 때는 날개 있는 곤충이 부러워!"

　한 걸음씩 힘겹게 걷던 개미에게 누군가가 다가왔어요.

　"안녕? 개미야!"

　개미는 소리 나는 쪽으로 고개를 돌렸어요. 그곳에는 아름다운 나비 한 마리가 나풀나풀 날갯짓하고 있었어요. 개미는 나비의 고운 모습에 홀딱 반했어요.

　"너는 자유롭게 날 수 있어서 좋겠다. 그런데 나를 아니?"

　"네가 전에 놀렸던 그 번데기가 바로 나야. 그런데 개미야, 너는 지금 보니까 제대로 걷지도 못하네?"

　부끄러워진 개미는 먹이도 내던지고 서둘러 개미굴로 들어갔어요.

1 빈칸에 알맞은 말을 넣어 설명을 완성하세요.

어휘력

보기
얇은　햇빛　물기

화창하다	☐☐이 나고 날씨가 맑다.
질퍼덕거리다	진흙이나 반죽이 ☐☐가 많다.
나풀나풀	☐☐ 물체가 가볍게 움직이는 모양.

2 ☐ 안에 들어갈 내용으로 알맞은 것에 O표 하세요.

이해력

❶ 개미는 [나는 : 걷는] 게 힘들어서 날개 있는 곤충이 부러웠어요.

❷ 개미는 다가온 나비가 누구인지 [알아보았어요 : 알 수 없었어요].

❸ 고운 모습의 나비는 개미가 놀렸던 [번데기 : 베짱이] 였어요.

3 개미는 개미굴로 들어가며 어떤 생각을 했을까요? (　　　)

사고력

① '번데기를 괜히 놀렸어.'

② '나비가 나를 좋아하나?'

③ '날씨가 화창해서 참 좋네!'

4 줄거리입니다. 빈칸에 들어갈 말을 골라 쓰세요.

보기　　먹이　　소나기　　날개　　나비

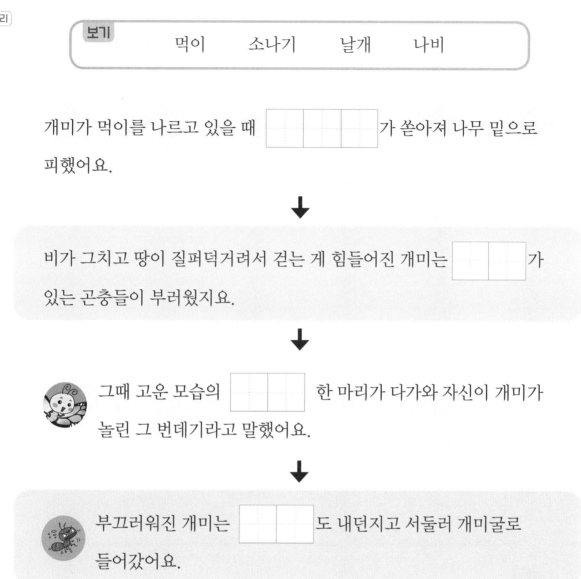

개미가 먹이를 나르고 있을 때 ⬚⬚⬚ 가 쏟아져 나무 밑으로 피했어요.

⬇

비가 그치고 땅이 질퍼덕거려서 걷는 게 힘들어진 개미는 ⬚⬚ 가 있는 곤충들이 부러웠지요.

⬇

그때 고운 모습의 ⬚⬚ 한 마리가 다가와 자신이 개미가 놀린 그 번데기라고 말했어요.

⬇

부끄러워진 개미는 ⬚⬚ 도 내던지고 서둘러 개미굴로 들어갔어요.

5 파란색 글자를 바르게 고쳐 쓰세요.

소나기가 쏟아져	날개짓	제대로 걸지도
⬇	⬇	⬇

첫째 마당 복습

1 이야기의 제목과 배울 점을 알맞게 연결하세요.

욕심쟁이와 땅콩	남을 잘 대접해야 나도 제대로 대접받는다.
하늘을 날고 싶은 거북	잘 알지도 못하면서 함부로 남을 놀리면 안 된다.
여우와 두루미	욕심을 조금만 버리면 문제를 해결하기가 쉬워진다.
개미와 번데기	남의 재주를 무조건 따라 하면 위험에 빠진다.

2 <보기>의 말을 낱말 판에서 찾아 묶어 보세요.

보기
자신만만 환호성 안간힘 노을 보답

컹	자	공	컹	표	추	뜻
줘	신	깨	환	호	성	굿
넹	만	캡	쥔	펩	샘	보
레	만	튠	노	을	욘	답
안	간	힘	뿐	뿡	깡	놉

둘째 마당

과학 상식

1~2학년 때 배우는 '봄, 여름, 가을, 겨울' 교과와 3학년부터 배우는 '과학' 교과는 우리가 살면서 알아야 할 자연과 다양한 과학 지식을 다루어요. 그래서 둘째 마당에는 자연의 이치를 깨닫고, 다양한 동식물에 대한 호기심을 지식으로 채워 주는 글감을 담았어요. 둘째 마당을 통해 독해력도 쑥쑥 기르고 과학 상식도 차곡차곡 쌓아 보세요.

코딱지에게 고마워해야 한다고?

🔊 다음 글을 소리 내어 읽어 보세요.

공기 청정기는 실내 공기 속 먼지를 깨끗하게 걸러 줘요. 코털도 우리 몸속에서 공기 청정기와 같은 일을 한답니다.

먼지와 병균은 공기 속을 둥둥 떠다니다가 몸 안으로 들어가서 우리 몸을 병들게 하지요. 다행히 코털이 이것들을 걸러 줘요.

코에서는 끈적끈적한 액체가 나와요. 이 액체가 코털에 묻은 먼지와 섞이면 딱딱하게 굳어요. 이게 바로 '코딱지'예요.

코딱지가 생긴다는 건 우리 몸이 스스로 잘 지키고 있다는 신호랍니다.

코딱지를 다짜고짜 더럽다고 하지 마세요. 우리에게는 정말 고마운 존재랍니다.

고마운 코딱지!

1 빈칸에 알맞은 말을 넣어 설명을 완성하세요.

어휘력

끈끈   일으키는   무조건   _{보기}

병균   병을 [   ][   ][   ] 균.

끈적끈적하다   들러붙을 만큼 [   ][   ]하다.

다짜고짜   미리 알아보지 않고 [   ][   ][   ].

2 안에 들어갈 내용으로 알맞은 것에 O표 하세요.

이해력

❶ 코털은 우리 몸속에서 공기 청정기와 [다른 | 같은] 일을 해요.

❷ 코털은 먼지와 병균을 [걸러 | 통과시켜] 줘요.

❸ 코딱지는 콧속 액체와 먼지가 [섞여서 | 분리돼서] 굳은 거예요.

3 글의 내용을 잘 이해한 친구는 누구인가요? (   )

사고력

① 코털이 없으면 우리 몸속에 먼지가 더 잘 들어갈 거야.

바쁘냥

② 코털이 없으면 코딱지가 더 많이 생길 거야.

바빠독

4 줄거리입니다. 빈칸에 들어갈 말을 골라 쓰세요.

내용 정리

> 보기   액체   공기   신호   병균

코털은 우리 몸속에서 ☐☐ 청정기와 같은 일을 해요.

⬇

코털은 먼지와 ☐☐ 이 몸 안으로 들어가지 못하게 걸러 줘요.

⬇

코에서 나온 끈적끈적한 ☐☐ 와 먼지가 섞여서 굳으면 코딱지가 돼요.

⬇

코딱지가 생긴다는 건 우리 몸이 스스로 잘 지키고 있다는 ☐☐ 이니 코딱지에게 고마워해야 해요.

5 밑줄 친 부분을 바르게 띄어 쓰세요.

맞춤법

읽을 때는 한 덩어리로 읽더라도, 실제로는 두 낱말이어서 쓸 때는 띄어 써야 해요.

☆ <u>공기속</u> 먼지를 ➡ ☐☐ ∨ ☐ 먼지를

☆ <u>우리몸을</u> 병들게 ➡ ☐☐ ∨ ☐ 을 병들게

10 화려한 색의 똥이 있다고?

🔊) 다음 글을 소리 내어 읽어 보세요.

사람은 보통 누런색이나 갈색 똥을 누어요. 우리 몸속에서 소화를 돕는 노란 쓸개즙이 음식과 섞이기 때문이에요.

또한 똥에는 음식 찌꺼기와 함께 갈색인 세균 덩어리가 섞여 있어요. 그래서 똥도 갈색이지요.

그런데 화려한 색 똥을 누는 동물이 있어요. 달팽이는 당근을 먹으면 주황색, 초록 잎을 먹으면 초록색 똥을 누어요. 크릴새우를 많이 먹는 대왕고래는 붉은색 똥을 누어요. 크릴새우의 껍질이 주황색이어서 그렇대요.

나는 '흰수염고래'라고도 불려.

1 빈칸에 알맞은 말을 넣어 설명을 완성하세요.

어휘력

보기

빛나며　어두운　잘게

누런색	익은 벼처럼 ⬚⬚⬚ 노란색.
소화	영양분을 빨아들이기 좋도록 먹은 음식을 ⬚⬚ 부수는 일.
화려하다	환하게 ⬚⬚⬚ 아름답다.

2 ⬚ 안에 들어갈 내용으로 알맞은 것에 O표 하세요.

이해력

❶ 사람의 똥에는 [황금 ┊ 세균] 덩어리가 섞여 있어요.

❷ [사람은 ┊ 달팽이는] 주황색이나 초록색 똥을 누어요.

❸ 대왕고래가 먹는 크릴새우의 껍질은 [주황색 ┊ 누런색]이에요.

3 글의 내용을 잘 이해한 친구는 누구인가요? (　)

사고력

① 동물의 똥 색은 몸집의 크기에 따라 달라질 거야.

바쁘냥

② 달팽이의 똥 색은 먹이와 관련이 있을 거야.

바빠독

4 줄거리입니다. 빈칸에 들어갈 말을 골라 쓰세요.

내용정리

> 보기
>
> 새우　　　당근　　　세균　　　쓸개

사람은 누런색이나 갈색 똥을 누어요. 노란 [　|　] 즙이 우리 몸속에서 음식과 섞이기 때문이에요.

↓

또한 갈색인 [　|　] 덩어리가 섞이기 때문에 똥도 갈색이지요.

↓

화려한 색 똥을 누는 동물이 있어요. 달팽이는 [　|　] 을 먹으면 주황색, 초록 잎을 먹으면 초록색 똥을 누어요.

↓

대왕고래는 먹이인 크릴 [　|　] 껍질이 주황색이어서 붉은색 똥을 누어요.

5 밑줄 친 부분을 바르게 띄어 쓰세요.

맞춤법

> 읽을 때는 한 덩어리로 읽더라도, 실제로는 두 낱말이어서 쓸 때는 띄어 써야 해요.

☆ 음식찌꺼기와 함께 → [　|　|　| V |　|　|　] 와 함께

☆ 붉은색똥을 누어요. → [　|　|　| V |　] 을 누어요.

북극곰 털이 흰색이 아니라고?

🔊 **다음 글을 소리 내어 읽어 보세요.**

북극곰은 북극의 얼음 위에서 살아요. 곰 중에 덩치가 가장 크고, '흰곰'이라고도 불려요.

그런데 사실 북극곰의 털은 흰색이 아니랍니다. 사람의 손톱이나 발톱처럼 투명한데, 햇빛이 반사되어 하얗게 보이는 거지요.

내 털은 투명해!

그러면 북극곰의 속살은 흰색일까요? 놀랍게도 검은색이에요. 그래서 털이 없는 코, 입술, 발바닥은 까맣게 보이지요.

촘촘한 털과 두껍고 검은 피부 덕분에 북극곰은 찬 공기도 거뜬히 견딜 수 있어요.

속살은 까맣지!

1 빈칸에 알맞은 말을 넣어 설명을 완성하세요.

어휘력

보기
쉽게   빽빽   반대

반사	물체에 부딪쳐서 방향을 〔　｜　〕로 바꾸는 것.
촘촘하다	다닥다닥 붙어서 〔　｜　〕하다.
거뜬히	어려워하지 않고 〔　｜　〕.

2 〔　〕 안에 들어갈 내용으로 알맞은 것에 O표 하세요.

이해력

❶ 북극곰은 〔 흑곰 ｜ 흰곰 〕이라고도 불려요.

❷ 북극곰의 속살은 〔 검은색 ｜ 흰색 〕이에요.

❸ 북극곰의 털은 〔 드문드문 ｜ 촘촘하게 〕 나 있어요.

3 글의 내용을 잘 이해한 친구는 누구인가요? (　　　)

사고력

① 북극곰 속살 색을 확인하려면 발바닥을 봐야겠어.

바쁘냥

② 북극곰 속살 색을 확인하려면 발톱을 봐야겠어.

바빠독

4 줄거리입니다. 빈칸에 들어갈 말을 골라 쓰세요.

> **보기**   피부   덩치   햇빛   속살

북극에 사는 북극곰은 [ ][ ]가 크고 '흰곰'이라고도 불려요.

↓

북극곰의 털은 사실 투명한데 [ ][ ]이 반사되어 하얗게 보여요.

↓

[ ][ ]은 검은색이어서 털이 없는 부분은 까매요.

↓

촘촘한 털과 두꺼운 [ ][ ] 덕분에 찬 공기도 잘 견디지요.

5 밑줄 친 부분을 바르게 띄어 쓰세요.

> 읽을 때는 한 덩어리로 읽더라도, 실제로는 두 낱말이어서 쓸 때는 띄어 써야 해요.

☆ 얼음위에서 살아요. → [ ][ ][ ]∨[ ]에서 살아요.

☆ 찬공기도 거뜬히 → [ ][ ]∨[ ][ ]도 거뜬히

별똥별은 별이 아니라고?

🔊 다음 글을 소리 내어 읽어 보세요.

별똥별은 밤하늘에 반짝 빛났다가 순식간에 사라져요. 그런데 사실 별똥별은 별이 아니랍니다.

우주에는 **떠돌이 돌멩이**가 있어요. 그중에 지구로 빨려 들어와 떨어지는 게 별똥별이에요.

떠돌이 돌멩이가 지구로 떨어질 때 활활 타며 불덩어리가 돼요. 그래서 우리 눈에 빛으로 보이지요.

대부분은 땅에 떨어지기 전에 모두 타서 사라져요. 그런데 아주 드물게 별똥별 찌꺼기가 땅에 떨어질 때가 있어요.

운 좋게 보게 된다면 불에 탄 돌멩이처럼 보일 거예요. 이것을 '운석'이라고 부른답니다.

▼ 운석

별똥별이 땅에 떨어지면 운석이 돼!

1 빈칸에 알맞은 말을 넣어 설명을 완성하세요.

어휘력

보기
이리저리   흔하게   짧은

순식간	눈을 한 번 깜짝할 만한 아주 [ ][ ] 시간.
떠돌이	[ ][ ][ ][ ] 돌아다니는 것.
드물다	자주 일어나지 않아서 [ ][ ][ ] 볼 수 없다.

2 [   ] 안에 들어갈 내용으로 알맞은 것에 O표 하세요.

이해력

❶ 우주에는 떠돌이 [돌멩이 ┊ 불덩어리] 가 있어요.

❷ 별똥별은 [꽁꽁 얼며 ┊ 활활 타며] 지구로 떨어져요.

❸ 별똥별 찌꺼기가 아주 [드물게 ┊ 흔하게] 땅에 떨어질 때가 있어요.

3 운석을 발견한 사람은 어떤 생각을 할까요? (   )

사고력

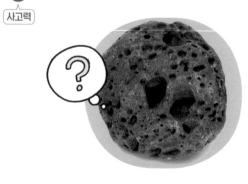

① '운석은 불에 탄 나무이구나!'

② '내가 운이 좋구나, 운석을 보다니!'

③ '운석은 별이구나!'

4 줄거리입니다. 빈칸에 들어갈 말을 골라 쓰세요.

내용 정리

보기   운석   땅   별똥별   우주

밤하늘에 반짝했다가 사라지는 ⬚⬚⬚은 별이 아니에요.

⬇

⬚⬚에서 떠돌던 돌멩이가 지구로 빨려 들어와 떨어지는 거예요.

⬇

떨어질 때 불에 타서 빛으로 보이는데 대부분은 ⬚에
떨어지기 전에 사라져요.

⬇

아주 드물게 별똥별 찌꺼기가 땅에 떨어진 것을 ⬚⬚이라고
불러요.

5 밑줄 친 부분을 바르게 띄어 쓰세요.

맞춤법

읽을 때는 한 덩어리로 읽더라도, 실제로는
두 낱말이어서 쓸 때는 띄어 써야 해요.

☆ 활활타며
  불덩어리가 돼요. → ⬚⬚⬚∨⬚⬚ 불덩어리가 돼요.

☆ 운좋게 보게 된다면 → ⬚⬚∨⬚⬚ 보게 된다면

13 돌멩이를 먹은 공룡이 있다고?

🔊 다음 글을 소리 내어 읽어 보세요.

아무리 허기져도 돌멩이를 먹을 사람은 아마 없을 거예요. 그런데 공룡 중에는 돌멩이를 먹은 공룡이 있었대요.

프시타코사우루스는 풀과 나뭇잎을 먹는 초식 공룡이에요. 그런데 프시타코사우루스의 화석에서 돌멩이들이 함께 발견되었어요. 돌멩이를 먹었다는 증거이지요.

프시타코사우루스의 이빨은 매우 작았어요. 그래서 질긴 풀뿌리나 나뭇잎을 잘 씹지 못했어요.

그런데 돌멩이를 함께 삼키면 배 속에서 돌멩이들이 서로 부딪혀요. 그러면서 제대로 씹지 못한 식물을 잘게 갈아 주지요. 그러니까 프시타코사우루스는 소화를 도우려고 돌멩이를 먹은 거랍니다.

역시, 돌멩이를 함께 먹어야 소화가 돼!

1 빈칸에 알맞은 말을 넣어 설명을 완성하세요.

어휘력

보기

끊어지지　흔적　굵어서

허기지다	☐☐☐ 힘이 없다.
화석	옛날 생물의 ☐☐ 이 돌처럼 굳어 그대로 남아 있는 것.
질기다	쉽게 ☐☐☐☐ 않는다.

2 ☐ 안에 들어갈 내용으로 알맞은 것에 O표 하세요.

이해력

❶ 프시타코사우루스는 [초식 ┊ 육식] 공룡이에요.

❷ 프시타코사우루스 화석에서 [뼈다귀 ┊ 돌멩이] 가 발견되었어요.

❸ 프시타코사우루스는 [맛이 좋아서 ┊ 소화를 도우려고] 돌멩이를 먹었어요.

3 뒤에 이어질 내용으로 알맞은 것은 무엇인가요? (　　　)

사고력

배 속의 돌이
서로 부딪히면

① 제대로 씹지 못한 식물이 잘게 갈려요.

② 화석이 만들어져요.

4 줄거리입니다. 빈칸에 들어갈 말을 골라 쓰세요.

내용 정리

보기   소화   풀뿌리   사우루스   돌멩이

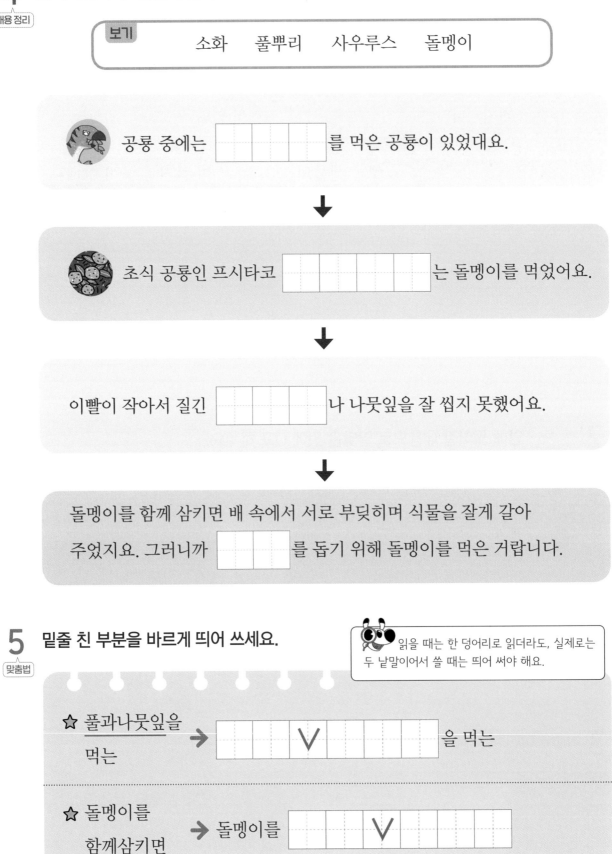

공룡 중에는 [　][　][　]를 먹은 공룡이 있었대요.

↓

초식 공룡인 프시타코[　][　][　][　]는 돌멩이를 먹었어요.

↓

이빨이 작아서 질긴 [　][　][　]나 나뭇잎을 잘 씹지 못했어요.

↓

돌멩이를 함께 삼키면 배 속에서 서로 부딪히며 식물을 잘게 갈아
주었지요. 그러니까 [　][　]를 돕기 위해 돌멩이를 먹은 거랍니다.

5 밑줄 친 부분을 바르게 띄어 쓰세요.

맞춤법

읽을 때는 한 덩어리로 읽더라도, 실제로는
두 낱말이어서 쓸 때는 띄어 써야 해요.

☆ 풀과나뭇잎을
먹는   → [　][　][　]∨[　][　][　]을 먹는

☆ 돌멩이를
함께삼키면   → 돌멩이를 [　][　][　]∨[　][　][　]

52

부엉이와 올빼미가 헷갈린다고?

🔊)) 다음 글을 소리 내어 읽어 보세요.

부엉이와 올빼미는 공통점이 많아요. 둘 다 얼굴이 둥그스름하고 야행성 동물이에요.

그래서 부엉이와 올빼미를 헷갈려 하는 사람들이 많아요. 하지만 ㅂ과 ㅇ을 이용하면 구별하기 쉬워요.

얼굴 깃털 중에 귀처럼 삐죽삐죽 튀어 나온 걸 '귀깃'이라고 해요. 부엉이는 대부분 귀깃이 있어요. 그래서 얼굴이 ㅂ자처럼 보여요.

귀깃

▲ 부엉이

▼ 올빼미

올빼미는 귀깃이 없어요. 그래서 얼굴이 ㅇ자처럼 둥글둥글해요. 부엉이는 ㅂ, 올빼미는 ㅇ을 꼭 기억하세요.

1 빈칸에 알맞은 말을 넣어 설명을 완성하세요.

어휘력

보기
차이 밤 둥글둥글

둥그스름하다	완전히 동그랗지는 않지만 ⬚⬚⬚⬚ 하다.
야행성	낮에 쉬고 ⬚에 활동하는 특성.
구별	성질이나 종류에 따라 ⬚⬚가 남.

2 ⬚ 안에 들어갈 내용으로 알맞은 것에 O표 하세요.

이해력

❶ 부엉이와 올빼미는 [둘 다 | 하나만] 야행성이에요.

❷ 부엉이는 얼굴이 [ㅂ자 | ㅇ자] 처럼 보여요.

❸ 올빼미는 귀깃이 [없어요 | 있어요].

3 사진을 보고 맞는 말을 한 친구는 누구인가요? (   )

사고력

①
머리 위로 삐죽삐죽 튀어나온 건 귀일 거야.

바쁘냥

②
얼굴이 ㅂ자처럼 보이는 걸 보니 부엉이일 거야.

바빠독

4 줄거리입니다. 빈칸에 들어갈 말을 골라 쓰세요.

내용 정리

> **보기** 둥글둥글   구별   삐죽삐죽   야행성

부엉이와 올빼미는 얼굴이 둥그스름하고 ☐☐☐☐이라는 공통점이 있어요.

⬇

ㅂ과 ㅇ을 이용하면 둘을 ☐☐ 할 수 있어요.

⬇

부엉이는 대부분 ☐☐☐☐☐ 튀어나온 귀깃이 있어서 얼굴이 ㅂ자처럼 보여요.

⬇

올빼미 얼굴은 ㅇ자처럼 ☐☐☐☐해요. 부엉이는 ㅂ, 올빼미는 ㅇ을 기억하세요.

5 밑줄 친 부분을 바르게 띄어 쓰세요.

맞춤법

> 읽을 때는 한 덩어리로 읽더라도, 실제로는 두 낱말이어서 쓸 때는 띄어 써야 해요.

☆ <u>둘다</u> 얼굴이 둥그스름하고 → ☐ V ☐ 얼굴이 둥그스름하고

☆ <u>얼굴깃털</u> 중에 → ☐☐ V ☐☐ 중에

사막에서도 끄떡없다고?

🔊 다음 글을 소리 내어 읽어 보세요.

　뜨거운 사막에서는 물과 먹이를 구하기 어려워 동물이 살기 힘들어요. 그런데 사막에서도 끄떡없이 잘 사는 동물이 있답니다. 심지어는 사람을 태우고 짐도 나르지요.

　그 주인공은 바로 낙타예요. 낙타 등의 커다란 혹에는 지방이 가득 저장되어 있어요. 그래서 먹이가 없어도 사막에서 오랫동안 버틸 수 있지요.

　낙타가 사막을 잘 견디는 비법은 또 있어요. 바로 몸에 있는 수분을 밖으로 내보내지 않는 거예요.

　낙타는 한꺼번에 벌컥벌컥 많은 물을 마셔요. 하지만 오줌은 적게 누어서 갈증을 덜 느끼지요. 그래서 오랫동안 물을 마시지 않고도 견딜 수 있답니다.

비법 1
← 낙타 혹
지방

비법 2
오줌을 적게 눠야지!

1 빈칸에 알맞은 말을 넣어 설명을 완성하세요.

보기

물   비밀   괜찮다

끄떡없다	문제없이 .
비법	혼자만 아는 방법.
갈증	목이 말라 을 마시고 싶은 느낌.

2 ☐ 안에 들어갈 내용으로 알맞은 것에 O표 하세요.

❶ 낙타는 | 사막 · 들판 | 에서도 끄떡없어요.

❷ 낙타 등의 커다란 혹에는 | 물 · 지방 | 이 저장되어 있어요.

❸ 낙타는 한꺼번에 물을 | 많이 · 적게 | 마셔요.

3 앞에 올 내용으로 알맞은 것은 무엇인가요? (　　　)

① 낙타는 오줌을 많이 누어서

② 낙타는 오줌을 적게 누어서

갈증을 덜 느껴요.

4 줄거리입니다. 빈칸에 들어갈 말을 골라 쓰세요.

내용 정리

보기   오줌   수분   사막   지방

물과 먹이를 구하기 힘든 [ ][ ]에서도 끄떡없는 동물이 있어요.

↓

낙타 혹에는 [ ][ ]이 가득 저장되어 있어서 먹이가 없어도 사막에서 오랫동안 버틸 수 있어요.

↓

낙타는 몸에 있는 [ ][ ]을 밖으로 내보내지 않아 사막을 잘 견뎌요.

↓

물은 많이 마시고 [ ][ ]은 적게 누어서 오랫동안 물을 마시지 않고도 견딜 수 있답니다.

5 밑줄 친 부분을 바르게 띄어 쓰세요.

맞춤법

읽을 때는 한 덩어리로 읽더라도, 실제로는 두 낱말이어서 쓸 때는 띄어 써야 해요.

☆ 동물이
  <u>살기힘들어요.</u> → 동물이 [ ][ ][ ][ ] V [ ][ ][ ][ ] .

☆ <u>커다란혹에</u>는
  지방이 가득 → [ ][ ][ ][ ][ ] V [ ] 에는 지방이 가득

58

16 싸움꾼 세포가 있다고?

🔊 다음 글을 소리 내어 읽어 보세요.

건강할 때 사람 체온은 36.5도예요. 그런데 아프기 시작하면 열이 나지요. 왜 그럴까요?

피는 물과 여러 세포로 이루어져 있어요. 그중에는 백혈구라는 싸움꾼 세포도 있지요.

백혈구는 우리 몸에 들어온 병균을 포위해서 죽게 만들어요. 상처에서 나는 고름이 바로 죽은 병균의 찌꺼기예요.

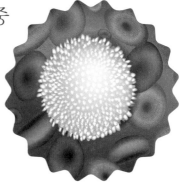

▲ 피 속 백혈구

그런데 병균은 높은 온도에서 힘이 약해져요. 우리 몸은 백혈구를 도우려고 열을 내는 거지요. 열이 난다는 건 백혈구와 우리 몸이 합동 작전을 하고 있다는 뜻이랍니다.

상처 난 피부

1 빈칸에 알맞은 말을 넣어 설명을 완성하세요.

보기

작은   몸   주위

체온	사람이나 동물의 [　] 의 온도.
세포	생명체를 이루는 아주 [　][　] 덩어리.
포위하다	[　][　] 를 둘러싸다.

2 [　] 안에 들어갈 내용으로 알맞은 것에 O표 하세요.

❶ 백혈구는 병균을 둘러싸서 [살게 | 죽게] 만들어요.

❷ 상처에서 나는 고름은 [죽은 | 살아 있는] 병균의 찌꺼기예요.

❸ 병균은 높은 온도에서 힘이 더 [약해져요 | 강해져요].

3 한 친구가 쓴 편지의 빈칸에 알맞은 것은 무엇인가요? (　)

백혈구에게

네가 [　]

정말 대단하구나.

앞으로도 잘 부탁해.

안녕!

① 몸의 온도를 낮게 만든다며?

② 병균을 포위해서 죽게 만든다며?

③ 높은 온도에 약하다며?

4 줄거리입니다. 빈칸에 들어갈 말을 골라 쓰세요.

내용 정리

> 보기
>
> 고름   높은   싸움꾼   건강

☐☐ 할 때는 그렇지 않지만 아프기 시작하면 열이 나요.

⬇

피는 물과 여러 세포로 되어 있는데, 그중에는 백혈구라는 ☐☐☐ 세포도 있어요.

⬇

백혈구는 병균을 포위해서 죽게 만들어요. 상처에서 나는 ☐☐이 바로 죽은 병균의 찌꺼기예요.

⬇

병균은 ☐☐ 온도에 약해요. 그래서 우리 몸은 백혈구와 합동 작전을 하려고 열을 내는 거예요.

5 밑줄 친 부분을 바르게 띄어 쓰세요.

맞춤법

> 읽을 때는 한 덩어리로 읽더라도, 실제로는 두 낱말이어서 쓸 때는 띄어 써야 해요.

☆ 건강할 때 <u>사람체온은</u> ➜ 건강할 때 ☐☐☐ V ☐☐ 은

☆ <u>합동작전을</u> 하고 있다는 ➜ ☐☐☐ V ☐☐ 을 하고 있다는

 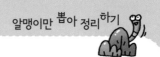

1 이야기의 내용과 어울리는 문장끼리 알맞게 연결하세요.

먼지와 병균을	검은색이에요.
북극곰의 속살은	지방이 저장되어 있어요.
프시타코사우루스는	코털이 걸러 줘요.
낙타의 혹에는	소화를 위해 돌멩이를 먹었어요.

2 〈보기〉의 말을 낱말 판에서 찾아 묶어 보세요.

보기　　소화　　반사　　야행성　　화석　　세포

소	화	결	형	깻	뿐	굿
쥐	펩	샘	야	캡	죽	세
반	사	욘	행	튠	볏	포
켜	표	추	성	공	옅	뜻
쇼	콘	읍	상	화	석	겝

전래 동화

전래 동화는 지은이 없이 입에서 입으로 전해져 내려온 이야기예요. 내용은 짧지만 등장인물의 행동을 시간과 장소의 이동에 따라 쉽게 이해할 수 있어서, 독해력을 기르는 데 도움이 돼요. 셋째 마당을 통해 우리 조상의 지혜도 배우고 읽기 실력도 한 단계 높여 보세요.

호랑이보다 무서운 것 ①

🔊 다음 글을 소리 내어 읽어 보세요.

　산속에 살던 호랑이가 배가 고파서 마을로 내려왔어요. 호랑이는 소를 잡아먹으려고 한 초가집 마당에 들어섰지요. 그러고는 외양간을 찾아 두리번거렸어요.

　그때 문틈으로 소리가 들렸어요.

"애야, 제발 그만 좀 울고 자자. 뚝!"

　그러나 아기는 엉엉 울며 떼를 썼어요.

"자꾸 울면 호랑이가 어흥 하고 잡아간다. 뚝!"

　아무리 야단을 쳐도 아기는 막무가내였어요.

　엄마는 작전을 바꿔 살살 달랬어요.

"자, 여기 곶감이다. 그만 뚝!"

　그러자 아기가 신기하게도 울음을 뚝 그쳤어요. 그 소리를 들은 호랑이는 깜짝 놀랐어요.

'곶감이라는 녀석은 나보다 더 무서운 놈이구나!'

겁이 난 호랑이는 살금살금 뒷걸음질했어요.

1 빈칸에 알맞은 말을 넣어 설명을 완성하세요.

어휘력

보기

마음 소 뒤로

외양간 ┊ 말이나 [소]를 기르는 곳.

막무가내 ┊ 말을 안 듣고 [마음]대로 하는 것.

뒷걸음질 ┊ [뒤로] 한 발자국씩 걸음을 걷는 일.

2 ◯ 안에 들어갈 내용으로 알맞은 것에 O표 하세요.

이해력

❶ 호랑이는 배가 [고파서 ┊ 불러서] 마을로 내려왔어요.

❷ 엄마는 아기를 달래려고 [홍시를 ┊ 곶감을] 준다고 했어요.

❸ 호랑이는 '곶감'이 아주 [무서웠어요 ┊ 만만했어요].

3 호랑이는 어떤 느낌이었을까요? (   )

사고력

곶감이라는 녀석은 나보다 더 무서운 놈이구나!

① 부러움

② 두려움

4 줄거리입니다. 빈칸에 들어갈 말을 골라 쓰세요.

내용정리

> **보기**　　　외양간　　곶감　　호랑이　　살금살금

배가 고픈 호랑이가 마을로 내려와 한 초가집 마당에 들어서서

☐☐☐ 을 찾아 두리번거렸어요.

↓

 문틈으로 아기가 떼를 쓰는 소리가 들렸어요. 엄마는 그러면

☐☐☐ 가 잡아간다고 했지만 소용이 없었어요.

↓

 그런데 엄마가 ☐☐ 을 주겠다고 하자 아기가 울음을

뚝 그쳤어요.

↓

 호랑이는 곶감이 자기보다 더 무서운 녀석인 줄 알고 겁이 나서

☐☐☐☐ 뒷걸음질했어요.

5 빈칸에 들어갈 말을 골라 쓰세요.

맞춤법

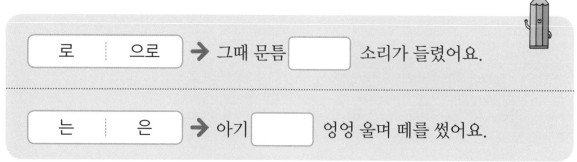

| 로 | 으로 | → 그때 문틈 ☐ 소리가 들렸어요.

| 는 | 은 | → 아기 ☐ 엉엉 울며 떼를 썼어요.

66

호랑이보다 무서운 것 ②

🔊 다음 글을 소리 내어 읽어 보세요.

  뒷걸음질하던 호랑이는 자기도 모르게 캄캄한 외양간으로 들어 갔어요. 때마침 외양간에 숨어 있던 소도둑의 손에 호랑이 엉덩이가 닿았지요.

  '어이구, 참 튼실한 소일세. 이 녀석을 훔쳐야겠다!'

  아무것도 모르는 소도둑은 호랑이 등에 냉큼 올라탔어요. 그러자 곶감이 자신을 덮쳤다고 생각한 호랑이는 깜짝 놀라 달리기 시작했 어요.

  외양간 밖으로 나오니 달빛이 환했어요. 그제야 소도둑은 호랑이 등에 탄 걸 알고 흠칫 놀랐지요. 그래서 소도둑은 호랑이가 나무 밑을 지나갈 때, 나뭇가지를 잡고 대롱대롱 매달렸어요. 그러자 곶감이 자 기를 놓아 주었다고 생각한 호랑이는 있는 힘껏 도망치며 말했어요.

  "어이쿠, 하마터면 곶감 밥이 될 뻔했네!"

  소도둑도 한숨을 쉬며 나무 아래로 내려왔어요.

  "휴, 호랑이 밥이 될 뻔했네!"

  그 후로 마을에는 호랑이도 소도둑도 얼씬거리지 않았답니다.

1 빈칸에 알맞은 말을 넣어 설명을 완성하세요.

어휘력

보기

놀라는   튼튼   없어

튼실하다	몸이 단단하고 　　 하다.
흠칫	몸을 움츠리며 　　　 모양.
얼씬거리다	눈앞에 잠깐씩 나타났다 　　 지다.

2 ⬚ 안에 들어갈 내용으로 알맞은 것에 O표 하세요.

이해력

❶ 소도둑은 | 알면서 일부러 ┊ 아무것도 모르고 | 호랑이 등에 올라탔어요.

❷ | 곶감 ┊ 소도둑 | 이 덮쳤다고 생각한 호랑이는 깜짝 놀라 달렸어요.

❸ 그 후로 마을에는 호랑이도 소도둑도 | 얼씬거리지 ┊ 사라지지 | 않았대요.

3 호랑이가 마을에 얼씬거리지 않은 까닭은 무엇일까요? (　　　)

사고력

① 곶감에게 혼쭐이 날까 봐

② 곶감을 먹고 싶지 않아서

4 줄거리입니다. 빈칸에 들어갈 말을 골라 쓰세요.

내용 정리

> **보기**　　엉덩이　　소도둑　　달빛　　등

깜깜한 외양간에 숨어 있던 소도둑의 손에 호랑이

☐☐☐ 가 닿았어요.

⬇

소도둑은 소로 생각하고 호랑이 ☐에 올라탔어요. 그러자 곶감이
자기를 덮쳤다고 생각한 호랑이는 깜짝 놀라 달리기 시작했어요

⬇

☐☐ 덕분에 호랑이 등에 탄 사실을 알게 된 소도둑은
나뭇가지를 잡고 매달렸고, 호랑이는 있는 힘껏 도망쳤어요.

⬇

그 후로 마을에는 호랑이도 ☐☐☐ 도 얼씬거리지 않았답니다.

5 빈칸에 들어갈 말을 골라 쓰세요.

맞춤법

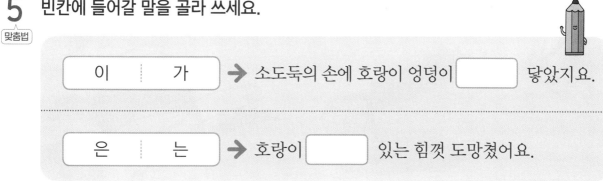

| 이 ┊ 가 | ➜ 소도둑의 손에 호랑이 엉덩이 ☐ 닿았지요. |

| 은 ┊ 는 | ➜ 호랑이 ☐ 있는 힘껏 도망쳤어요. |

토끼의 재판 ①

🔊) 다음 글을 소리 내어 읽어 보세요.

　나무꾼이 숲을 지나가는데, 어디선가 살려 달라는 외침이 들려왔어요. 소리 나는 쪽으로 가 보니 호랑이가 함정에 빠져 있었어요.

　"나무꾼님! 제발 저 좀 살려 주세요!"

　나무꾼은 잠시 고민하며 말했어요.

　"너를 꺼내 주면 나를 잡아먹을 거잖아?"

　"아니에요. 하늘에 맹세해요!"

　마음 약한 나무꾼은 통나무를 구덩이에 밀어 넣어 호랑이가 나올 수 있게 도와줬어요. 하지만 통나무를 타고 올라온 호랑이는 금세 표정이 바뀌었어요.

　"으하하, 내 점심밥이 왔구나!"

　나무꾼은 눈앞이 캄캄해졌어요.

　"아무리 짐승이라지만 너는 은혜도 모르느냐?"

　"은혜라니? 함정을 판 사람이 먼저 나에게 죄를 졌다고!"

　호랑이는 송곳니를 드러내며 으르렁거렸어요.

　그때 나무꾼이 좋은 꾀를 생각해 냈어요.

　"잠깐! 그럼 재판을 받아 보자. 누가 잘못 했는지 따져 보자고!"

1 빈칸에 알맞은 말을 넣어 설명을 완성하세요.

어휘력

보기 · 판단 구덩이 뽀족한

함정	짐승을 잡으려고 판 ☐☐☐ .
송곳니	앞니 양 옆에 있는 ☐☐☐ 이.
재판	죄를 졌는지 ☐☐ 하는 일.

2 ☐ 안에 들어갈 내용으로 알맞은 것에 O표 하세요.

이해력

❶ [사냥꾼 · 나무꾼] 은 살려 달라는 호랑이의 외침을 들었어요.

❷ 나무꾼은 [통나무를 · 밧줄을] 밀어 넣어 호랑이를 꺼내 주었어요.

❸ 호랑이는 함정을 판 [동물 · 사람] 이 먼저 죄를 졌다고 했어요.

3 호랑이는 어떤 표정으로 말했을까요? (   )

사고력

내 점심밥이
왔구나!

① 슬픈 표정으로

② 뻔뻔한 표정으로

4 줄거리입니다. 빈칸에 들어갈 말을 골라 쓰세요.

보기   사람   함정   재판   맹세

나무꾼은 ☐☐ 에 빠진 호랑이를 보았어요.

↓

호랑이가 잡아먹지 않겠다고 하늘에 ☐☐ 하자 나무꾼은 통나무를 밀어 넣어 호랑이를 꺼내 주었어요.

↓

호랑이는 함정을 판 ☐☐ 이 먼저 자기에게 죄를 졌다며 나무꾼을 잡아먹으려고 했어요.

↓

나무꾼은 누가 잘못했는지 ☐☐ 을 받아 보자고 했어요.

5 빈칸에 들어갈 말을 골라 쓰세요.

| 에 | 에서 | → 호랑이가 함정 ☐ 빠져 있었어요. |

| 를 | 을 | → 그럼 재판 ☐ 받아 보자. |

🔊 다음 글을 소리 내어 읽어 보세요.

먼저, 이야기를 다 들은 나무가 판결을 내렸어요.

"사람이 잘못했어. 우리를 늘 함부로 베잖아!"

그 말에 호랑이가 우쭐해하자 나무꾼은 재빨리 말했어요.

"재판은 원래 세 번 하는 거야. 그래야 공평하지."

이번에는 이야기를 다 들은 황소가 판결을 내렸어요.

"사람이 잘못했어. 우리를 실컷 부리고 잡아먹기까지 하잖아!"

때마침 깡충깡충 지나가던 토끼가 마지막 재판을 맡았어요. 그런데 토끼는 어리둥절한 표정을 지으며 되물었어요.

"잘 이해가 안 돼요. 그때 일을 다시 한번 보여 주시면 안 될까요?"

호랑이, 나무꾼, 토끼는 구덩이로 몰려갔어요.

"잘 봐, 내가 이렇게 함정에 빠져 있었어."

호랑이는 답답하다는 듯 함정 속으로 다시 뛰어들었어요. 그제야 토끼는 밝은 표정으로 나무꾼에게 말했어요.

"나무꾼님! 이제 안전해요. 그러니 집으로 돌아가세요."

자신의 잘못을 깨달은 호랑이가 살려 달라고 애원했지만 때는 이미 늦었지요.

1 빈칸에 알맞은 말을 넣어 설명을 완성하세요.

보기

당황 결정 똑같이

판결	잘못을 판단하여 ☐☐ 함.
공평하다	양쪽을 ☐☐☐ 대하다.
어리둥절하다	어떻게 된 일인지 몰라 ☐☐ 하다.

2 ☐ 안에 들어갈 내용으로 알맞은 것에 O표 하세요.

❶ 나무는 [호랑이가 : 사람이] 잘못했다고 판결을 내렸어요.

❷ 황소는 [호랑이가 : 사람이] 잘못했다고 판결을 내렸어요.

❸ [토끼 : 호랑이]는 답답하다는 듯 다시 함정 속으로 뛰어들었어요.

3 이해가 안 된다고 말하는 토끼의 속마음은 무엇일까요? ( )

① '나무는 정말 똑똑한 것 같아!'

② '호랑이가 나도 잡아먹을지 몰라!'

③ '황소는 사람을 좋아하는구나!'

4 줄거리입니다. 빈칸에 들어갈 말을 골라 쓰세요.

내용 정리

> 보기
>
> 토끼   나무   집   답답하다

첫 번째 재판을 맡은 ☐☐ 는 호랑이 편을 들었어요.

두 번째 재판을 맡은 황소도 호랑이 편을 들었어요.

↓

마지막 재판을 맡은 ☐☐ 는 잘 이해가 안 된다면서
그때 일을 다시 한번 보여 달라고 했어요.

↓

호랑이는 ☐☐☐☐ 는 듯 구덩이 속으로
뛰어들었지요.

↓

토끼는 나무꾼에게 이제 ☐ 으로 돌아가라고 했어요.
호랑이가 살려 달라고 애원했지만 때는 이미 늦었어요.

5 빈칸에 들어갈 말을 골라 쓰세요.

맞춤법

| 가 | 이 | ➜ 토끼 ☐ 마지막 재판을 맡았어요.

| 에게 | 으로 | ➜ 집 ☐ 돌아가세요.

산딸기와 이방 아들 ①

🔊 다음 글을 소리 내어 읽어 보세요.

　옛날 어느 고을에 장난이 심한 사또가 있었어요. 어느 겨울날, 사또는 이방을 불러 장난스러운 표정으로 말했어요.

　"여봐라, 산딸기가 먹고 싶구나."

　이방은 머리를 조아리며 말했어요.

　"나리, 지금은 한겨울이라 산딸기가 나지 않습니다요."

　"뭐라? 내일까지 구해 오지 않으면 큰 벌을 내릴 테다!"

　이방이 걱정스러운 표정으로 집에 돌아오자 아들이 물었어요.

　"아버지, 무슨 고민이 있으세요?"

　이방은 드러누우며 한숨을 쉬었어요.

　"사또께서 산딸기를 구해 오라고 하시는구나."

　"네? 한겨울에 산딸기를요?"

　"이번에도 엉뚱한 일로 나를 골탕 먹이시려는 게다."

　평소에 장난이 심한 사또 때문에 아버지가 고생하는 걸 알고 있었던 이방의 아들은 곰곰이 생각했어요. 그리고 잠시 후 눈을 반짝거리며 말했어요.

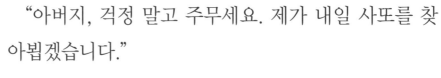

　　　"아버지, 걱정 말고 주무세요. 제가 내일 사또를 찾아뵙겠습니다."

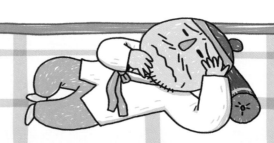

빈칸에 알맞은 말을 넣어 설명을 완성하세요.

괴롭히다   눕다   숙이다   _{보기}

조아리다	이마가 바닥에 닿을 만큼 머리를 ⬚⬚⬚ .
드러눕다	아프거나 괴로워서 자리에 ⬚⬚ .
골탕 먹이다	⬚⬚⬚⬚ , 손해를 입히다.

⬚ 안에 들어갈 내용으로 알맞은 것에 O표 하세요.

❶ 사또는 이방에게 산딸기를 구해 오지 않으면 큰 ⎡ 벌 │ 상 ⎤ 을
   내리겠다고 했어요.

❷ 이방은 ⎡ 장난스러운 │ 걱정스러운 ⎤ 표정으로 집에 돌아왔어요.

❸ 이방의 아들은 ⎡ 아버지 │ 사또 ⎤ 가 고생하는 걸 알고 있었어요.

사또는 왜 산딸기가 먹고 싶다고 했을까요? (   )

① 겨울에는 산딸기를 쉽게 구할 수 있어서

② 산딸기로 맛있는 잼을 만들어 먹으려고

③ 이방을 골탕 먹이려고

4 줄거리입니다. 빈칸에 들어갈 말을 골라 쓰세요.

> 보기
>
> 걱정   한겨울   이방   산딸기

어느 겨울날, 장난이 심한 사또가 이방에게 ☐☐☐ 가 먹고 싶다고 했어요.

↓

이방이 ☐☐☐ 이라 산딸기가 나지 않는다고 하자 사또는 구해 오지 않으면 큰 벌을 내릴 거라고 했어요.

↓

집에 온 ☐☐ 은 한숨을 쉬며 아들에게 고민을 말했어요.

↓

이방의 아들은 아버지에게 ☐☐ 말고 주무시라며, 자신이 내일 사또를 찾아뵙겠다고 말했어요.

5 빈칸에 들어갈 말을 골라 쓰세요.

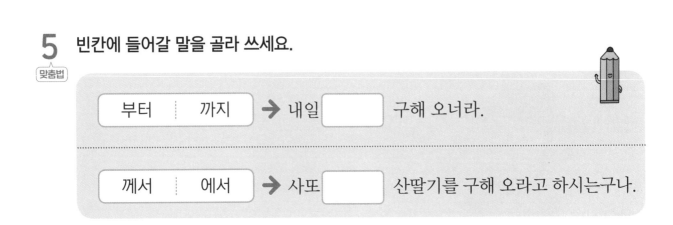

| 부터 | 까지 | → 내일 ☐ 구해 오너라. |

| 께서 | 에서 | → 사또 ☐ 산딸기를 구해 오라고 하시는구나. |

🔊 다음 글을 소리 내어 읽어 보세요.

이튿날, 이방의 아들은 사또를 찾아갔어요.

"나리, 아버지께서 뱀에게 물려서 못 왔습니다."

그 말을 들은 사또는 눈살을 찌푸렸어요.

"한겨울에 뱀이 어디 있느냐? 네 아비가 꾀병을 부리는구나!"

그러자 이방의 아들은 사또를 치켜세웠어요.

"역시, 나리는 똑똑하십니다. 한겨울에 뱀이 나올 리 없지요."

"그럼, 당연하지. 말도 안 되는 소리지!"

그제야 이방의 아들이 의젓한 목소리로 말했어요.

"마찬가지로 한겨울에 산딸기가 날 리도 없겠지요?"

사또는 그제야 이방에게 심한 장난을 쳤다는 걸 깨달았어요.

"허허, 이방이 똑똑한 아들을 두었군. 여태 내가 네 아비를 너무 골탕 먹였구나. 다시는 안 그렇겠다고 약속하마."

사또는 이방을 불러 사과했어요. 그리고 이방의 아들에게는 용돈을 두둑이 주었답니다.

1 빈칸에 알맞은 말을 넣어 설명을 완성하세요.

어휘력

보기
많이   칭찬   믿음직

치켜세우다	크게 [ ][ ] 하다.
의젓하다	어른스럽고 [ ][ ][ ] 하다.
두둑이	넉넉하게, [ ][ ] .

2 [ ] 안에 들어갈 내용으로 알맞은 것에 O표 하세요.

이해력

❶ 사또를 찾아간 이방의 아들은 아버지께서 [뱀 | 벌]에게 물려서 못 왔다고 했어요.

❷ 이방 아들의 말을 들은 사또는 [한겨울 | 한여름]에 뱀이 어디 있느냐며 눈살을 찌푸렸어요.

❸ 사또는 이방을 불러 [사과했어요 | 화를 냈어요].

3 이방 아들이 말한 진짜 뜻은 무엇일까요? (   )

사고력

마찬가지로 한겨울에 산딸기가 날 리도 없겠지요?

① 한겨울에 산딸기는 있다.

② 한겨울에 산딸기는 없다.

80

4 줄거리입니다. 빈칸에 들어갈 말을 골라 쓰세요.

내용 정리

> **보기**
> 꾀병   한겨울   용돈   뱀

이방의 아들은 사또를 찾아가 아버지께서 ☐ 에게 물려서 못 왔다고 말했어요.

⬇

사또는 말도 안 되는 소리라며 이방이 ☐☐ 을 부린다고 했어요.

⬇

이방의 아들은 ☐☐☐ 에 산딸기가 날 리도 없다고 말했어요.

⬇

그제야 사또는 자신의 잘못을 깨달았어요. 사또는 이방에게 사과하고, 이방의 아들에게는 ☐☐ 을 주었어요.

5 빈칸에 들어갈 말을 골라 쓰세요.

맞춤법

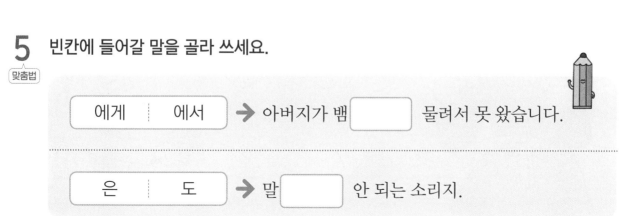

| 에게 | 에서 | ➡ 아버지가 뱀 ☐ 물려서 못 왔습니다. |

| 은 | 도 | ➡ 말 ☐ 안 되는 소리지. |

23 송아지와 바꾼 무 ①

🔊) 다음 글을 소리 내어 읽어 보세요.

한 마을에 마음씨 고운 농부가 살았어요. 어느 날 밭에서 무를 뽑는데 하나가 끄떡도 하지 않았어요. 아주 한참을 낑낑대니 송아지만 한 무가 뽑혔어요.

"하늘이 주신 선물인가? 이걸 어떡하지?"

그때 일을 돕던 아들이 기특한 생각을 했어요.

"아버지! 우리 이 무를 고을의 사또께 바쳐요."

그래서 농부는 무를 달구지에 싣고 사또에게 갔어요.

사또는 송아지만 한 무를 보자 눈이 휘둥그레졌어요.

"정말 신기한 무일세. 고맙네!"

사또는 이방을 불렀어요.

"이보게, 저 농부에게 상으로 줄 만한 게 없겠나?"

농부의 고운 마음씨를 알고 있던 이방은 대답했어요.

"나리, 얼마 전 들어온 송아지를 주면 어떨까요?"

이리하여 농부는 무를 바치고 송아지를 얻었어요.

1 빈칸에 알맞은 말을 넣어 설명을 완성하세요.

어휘력

보기

수레   귀엽다   크게

기특하다	말과 행동이 대견하고 ⬚⬚⬚.
달구지	소나 말이 끄는 ⬚⬚.
휘둥그레지다	놀라서 눈이 ⬚⬚ 떠지다.

2 ⬚ 안에 들어갈 내용으로 알맞은 것에 O표 하세요.

이해력

❶ 마음씨 고운 농부의 [밭 ┆ 논]에서 송아지만 한 무가 뽑혔어요.

❷ 농부는 커다란 무를 하늘이 주신 [벌 ┆ 선물]이라고 생각했어요.

❸ 마음씨 고운 농부는 무를 바치고 [송아지 ┆ 망아지]를 얻었어요.

3 이방은 어떤 생각으로 농부에게 송아지를 주자고 했을까요? (   )

사고력

송아지를 상으로 주면 어떨까요?

① '사또께 무를 바치다니 버릇이 없군.'

② '마음씨 고운 농부니 상을 받아야지.'

③ '정말 신기한 무구나!'

4 줄거리입니다. 빈칸에 들어갈 말을 골라 쓰세요.

내용 정리

보기　　　상　　　무　　　마음씨　　　송아지

마음씨 고운 농부가 [　　　]만 한 무를 뽑아 사또께 바쳤어요.

↓

사또는 농부에게 고맙다며 [　]으로 줄 만한 게 없냐고 이방에게 물었어요.

↓

농부의 고운 [　　　]를 알고 있던 이방은 사또에게 송아지를 주자고 했어요.

↓

이리하여 농부는 [　]를 바치고 송아지를 얻었어요.

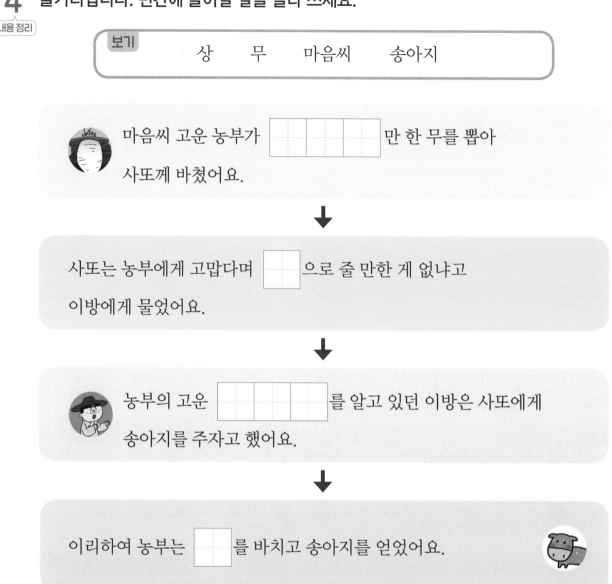

5 빈칸에 들어갈 말을 골라 쓰세요.

맞춤법

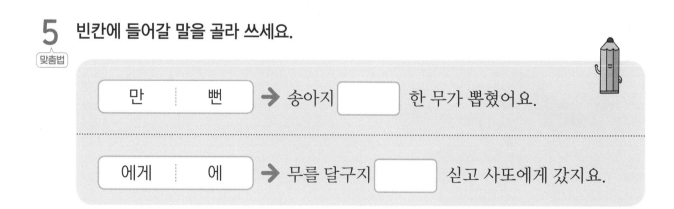

만 ┆ 뻔 → 송아지 [　　] 한 무가 뽑혔어요.

에게 ┆ 에 → 무를 달구지 [　　] 싣고 사또에게 갔지요.

송아지와 바꾼 무 ②

🔊 다음 글을 소리 내어 읽어 보세요.

　마음씨 고운 농부에 대한 소문이 온 마을에 퍼졌어요. 그 소문을 들은 욕심쟁이 농부는 배가 아팠어요.

　'사또께 송아지를 바치면 더 큰 상을 주시겠지?'

　농부는 송아지를 끌고 사또에게 갔어요.

　"고을을 잘 돌봐 주시는 사또께 송아지를 바치고 싶습니다요!"

　농부의 꿍꿍이를 전혀 모르는 사또는 그저 기뻤어요.

　"정말 튼실한 송아지일세. 고맙네!"

　사또는 손짓으로 이방을 불렀어요.

　"이보게, 저 농부에게 상으로 줄 만한 게 없겠나?"

　그러나 이방은 욕심쟁이 농부의 잔꾀를 눈치챘지요.

　"며칠 전 들어온 아주 커다란 무가 있습니다."

　"옳거니! 그 무를 내어 저 농부에게 주게."

　그리하여 욕심쟁이 농부는 송아지를 바치고 무를 받았답니다.

　그리고 한 달 동안 깍두기만 먹었다고 해요.

1 빈칸에 알맞은 말을 넣어 설명을 완성하세요.

어휘력

보기
꾀   질투   꾸미는

배가 아프다	⬚⬚ 가 나다.
꿍꿍이	남몰래 어떤 일을 ⬚⬚⬚ 것.
잔꾀	곧 들켜 버릴 얕은 ⬚.

2 ⬚ 안에 들어갈 내용으로 알맞은 것에 O표 하세요.

이해력

❶ 마음씨 고운 농부에 대한 소문을 들은 욕심쟁이 농부는
함께 기뻐했어요 ┊ 배가 아팠어요 .

❷ 욕심쟁이 농부는 더 큰 상을 받고 싶어서 송아지 ┊ 무 를 바쳤어요.

❸ 사또는 ┊ 이방은 욕심쟁이 농부의 잔꾀를 눈치챘어요.

3 이방은 무슨 생각으로 농부에게 커다란 무를 주자고 했을까요? (   )

사고력

아주 커다란 무가 있습니다.

① '마음이 고우니 큰 상을 받아야지.'

② '커다란 무이니 좋아할 거야.'

③ '소문을 듣고 욕심을 부리는구나.'

4 줄거리입니다. 빈칸에 들어갈 말을 골라 쓰세요.

내용 정리

> 보기
> 욕심쟁이   잔꾀   상   고운

마음씨 ⬜⬜ 농부에 대한 소문을 들은 욕심쟁이 농부는
더 큰 상을 받고 싶어서 사또에게 송아지를 바쳤어요.

⬇

아무것도 모르는 사또는 이방을 불러 농부에게 ⬜으로
줄 게 없냐고 물었어요.

⬇

이방은 농부의 ⬜⬜를 눈치챘고, 며칠 전 들어온 아주 커다란
무가 있다고 했지요.

⬇

그리하여 ⬜⬜⬜⬜ 농부는 송아지를 바치고 무를
받았답니다.

5 빈칸에 들어갈 말을 골라 쓰세요.

맞춤법

| 의 : 에 | ➜ 마음씨 고운 농부 ⬜ 대한 소문 |

| 으로 : 에서 | ➜ 사또는 손짓 ⬜ 이방을 불렀어요. |

1 이야기의 제목과 등장인물을 알맞게 연결하세요.

호랑이보다 무서운 것	호랑이, 나무꾼
토끼의 재판	마음씨 고운 농부, 욕심쟁이 농부
산딸기와 이방 아들	사또, 이방 아들
송아지와 바꾼 무	호랑이, 소도둑

2 〈보기〉의 말을 낱말 판에서 찾아 묶어 보세요.

보기   외양간   함정   재판   기특하다   꿍꿍이

외	컹	표	춉	공	옡	뜻
양	포	꿍	꿍	이	벼	함
간	쇼	콘	읎	홋	콧	정
큐	뿐	뿡	깡	재	네	높
기	특	하	다	깨	재	판

사회 상식

1~2학년 때 배우는 '봄, 여름, 가을, 겨울' 교과와 3학년부터 배우는 사회 교과는 우리가 살면서 꼭 알아야 할 다양한 사회 지식을 다루어요. 그래서 넷째 마당에는 도구, 건강, 문화, 요리, 역사, 축제, 환경 등에 대한 재미있는 글감을 담았어요. 넷째 마당을 통해 독해력도 쑥쑥 기르고, 사회 상식도 차곡차곡 쌓아 보세요.

대장

사회 상식

호미가 세계적인 스타라고?

🔊)) 다음 글을 소리 내어 읽어 보세요.

농사를 지으려면 농기구가 필요해요. 그중에 호미는 우리나라 전통 농기구로, 풀을 뽑거나 감자를 캘 때 사용해요.

호미는 손잡이와 날로 되어 있어요. 손잡이는 나무로, 날은 쇠로 만들지요. 세모난 날은 손잡이에 꼬부랑하게 박혀 있어요. 호미는 작고 가벼워서 손에 쥐기 좋아요.

그런데 호미가 세계적인 스타가 되었대요. 얼마 전 외국 사람들에게 소개되며 큰 인기를 끌기 시작했어요.

외국 사람들은 꽃밭을 가꿀 때 주로 꽃삽을 썼어요. 그런데 꼬부랑 호미가 풀 뽑기에 훨씬 편리한 걸 알고 홀딱 반하고 말았답니다.

▲ 꽃삽

←손잡이

▲ 호미

1 빈칸에 알맞은 말을 넣어 설명을 완성하세요.

휘어져   농사   날카로운   <보기>

농기구	⋮	□□를 지을 때 쓰는 도구.
날	⋮	도구의 얇고 □□□□ 부분.
꼬부랑하다	⋮	안쪽으로 □□□ 있다.

2 □ 안에 들어갈 내용으로 알맞은 것에 O표 하세요.

❶ 호미 손잡이는 나무 ⋮ 쇠 로 만들어요.

❷ 호미의 날은 네모 ⋮ 세모 나요.

❸ 호미는 작고 가벼워서 ⋮ 크고 무거워서 손에 쥐기 좋아요.

3 호미의 좋은 점 두 가지를 고르세요. (,   )

① 가벼워서 손에 쥐기 좋아요.

② 꼬부랑해서 풀 뽑기에 편리해요.

③ 꽃삽보다 귀여워요.

4 줄거리입니다. 빈칸에 들어갈 말을 골라 쓰세요.

보기   꽃삽   스타   쇠   감자

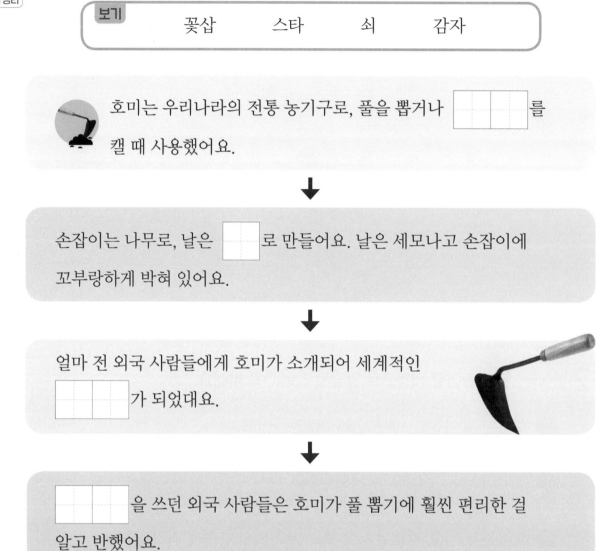

호미는 우리나라의 전통 농기구로, 풀을 뽑거나 [ ][ ]를 캘 때 사용했어요.

↓

손잡이는 나무로, 날은 [ ]로 만들어요. 날은 세모나고 손잡이에 꼬부랑하게 박혀 있어요.

↓

얼마 전 외국 사람들에게 호미가 소개되어 세계적인 [ ][ ]가 되었대요.

↓

[ ][ ][ ]을 쓰던 외국 사람들은 호미가 풀 뽑기에 훨씬 편리한 걸 알고 반했어요.

5 파란색 글자를 바르게 고쳐 쓰세요.

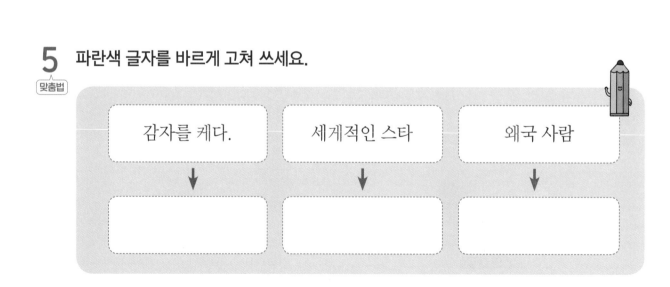

감자를 케다.	세계적인 스타	왜국 사람
↓	↓	↓

사회 상식

웃으면 복이 온다고?

🔊 **다음 글을 소리 내어 읽어 보세요.**

여러분은 얼마나 자주 웃나요? 어린이는 보통 하루에 400번, 어른은 8번 웃는대요. 그런데 '웃으면 복이 온다.'는 말이 있어요. 이 말은 사실일까요?

많이 웃으면 심장이 힘차게 뛰어서 몸속 공기가 깨끗해져요. 또, 웃을 때는 여러 근육이 동시에 움직여서 운동 효과도 있어요.

무엇보다 유쾌하게 웃는 사람을 보면 덩달아 기분이 좋아져요. 그래서 자주 웃는 사람들은 인기가 많아요. 또 웃음은 스트레스를 줄여 준답니다.

웃음은 신체 건강뿐 아니라 마음 건강에도 좋아요. 그러고 보니 '웃으면 복이 온다.'는 말이 사실이네요.

1 빈칸에 알맞은 말을 넣어 설명을 완성하세요.

어휘력

보기
따라   즐겁고   떨리고

| 유쾌하다 | | | | 상쾌하다. |

유쾌하다 ┊ ☐☐☐ 상쾌하다.

덩달다 ┊ 남이 하는 대로 ☐☐ 하다.

스트레스 ┊ ☐☐☐ 긴장되는 상태.

2 ☐ 안에 들어갈 내용으로 알맞은 것에 O표 하세요.

이해력

❶ 어린이는 보통 하루에 어른보다 [많이 ┊ 적게] 웃는대요.

❷ 많이 웃으면 심장이 [약하게 ┊ 힘차게] 뛰어요.

❸ 웃는 사람을 보면 덩달아 기분이 [나빠져요 ┊ 좋아져요].

3 웃음의 좋은 점 두 가지를 고르세요. (,   )

사고력

① 운동 효과가 있어요.

② 스트레스가 커져요.

③ 몸속 공기가 깨끗해져요.

4 줄거리입니다. 빈칸에 들어갈 말을 골라 쓰세요.

내용 정리

> **보기**
>
> 건강   스트레스   복   심장

어린이는 어른보다 더 많이 웃는대요. 그런데 '웃으면 ☐이 온다.'는 말은 사실일까요?

↓

많이 웃으면 ☐☐이 힘차게 뛰어 몸속 공기가 깨끗해져요.
또 여러 근육이 동시에 움직여 운동 효과도 있어요.

↓

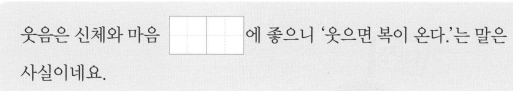 웃음은 기분을 좋게 만들어 주고 ☐☐☐☐를 줄여 줘요.

↓

웃음은 신체와 마음 ☐☐에 좋으니 '웃으면 복이 온다.'는 말은 사실이네요.

5 파란색 글자를 바르게 고쳐 쓰세요.

맞춤법

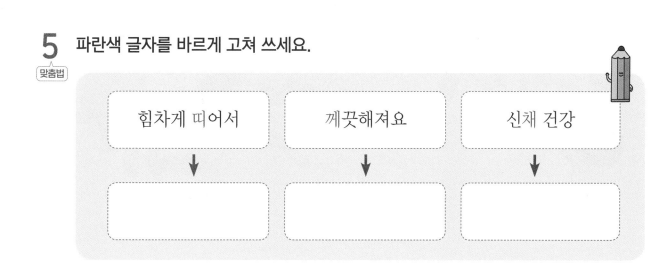

힘차게 띠어서	깨끗해져요	신채 건강
↓	↓	↓

사회 상식

꼬리를 잡으면 이긴다고?

🔊 다음 글을 소리 내어 읽어 보세요.

　우리 전통 놀이 중에는 맨손으로 하는 재미있는 놀이가 많아요. 그중에 '꼬리잡기'에 대해 알아보아요.

　먼저, 두 편으로 나누고 각각 대장을 뽑아요. 나머지는 대장 뒤로 차례로 허리를 잡고 길게 한 줄로 늘어서요.

　시작 소리와 함께 대장들은 상대편 꼬리에 있는 사람을 잡아요. 상대편 꼬리를 먼저 잡는 편이 이기는 놀이로, 꼬리를 잡히거나 줄이 중간에 끊어지면 져요.

　제주도에서는 꼬리잡기를 기러기 떼처럼 길게 늘어선 모양이라고 해서 '기러기 놀이'라고 불렀대요. 누구 한 사람만 잘한다고 이길 수 없는 꼬리잡기는 협동심을 길러 주는 놀이랍니다.

1 빈칸에 알맞은 말을 넣어 설명을 완성하세요.

어휘력

보기

줄지어	합치려는	전해져

전통 ┊ 조상으로부터 [　][　][　] 내려오는 것.

늘어서다 ┊ 길게 [　][　][　] 서다.

협동심 ┊ 힘을 서로 [　][　][　][　] 마음.

2 [　] 안에 들어갈 내용으로 알맞은 것에 O표 하세요.

이해력

❶ 나머지는 대장 뒤로 차례로 [손목을 ┊ 허리를] 잡고 늘어서요.

❷ 줄이 중간에 끊어지면 [져요 ┊ 이겨요].

❸ 꼬리잡기는 [협동심 ┊ 참을성]을 길러 줘요.

3 뒤에 이어질 내용으로 알맞은 것은 무엇인가요? (　　)

사고력

꼬리잡기에서
지지 않으려면

① 줄이 끊어지지 않게 함께 움직여요.

② 혼자만 멀리 도망가요.

4 줄거리입니다. 빈칸에 들어갈 말을 골라 쓰세요.

내용 정리

> 보기
>
> 꼬리　　　전통　　　허리　　　기러기

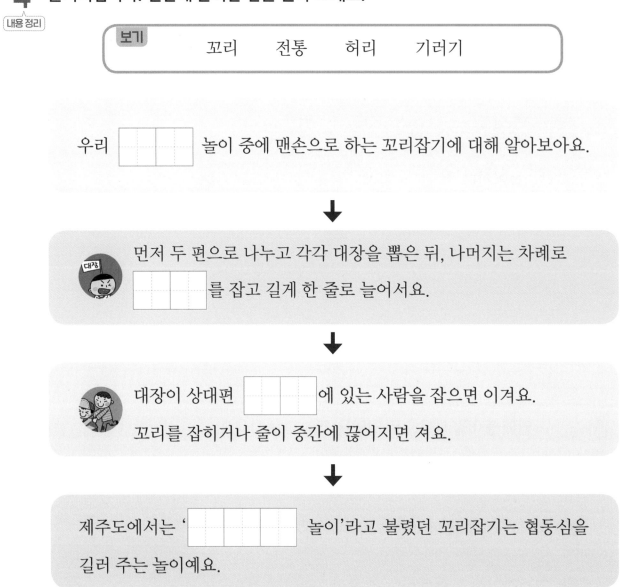

우리 [　　] 놀이 중에 맨손으로 하는 꼬리잡기에 대해 알아보아요.

↓

먼저 두 편으로 나누고 각각 대장을 뽑은 뒤, 나머지는 차례로
[　　]를 잡고 길게 한 줄로 늘어서요.

↓

대장이 상대편 [　　]에 있는 사람을 잡으면 이겨요.
꼬리를 잡히거나 줄이 중간에 끊어지면 져요.

↓

제주도에서는 '[　　　]놀이'라고 불렸던 꼬리잡기는 협동심을
길러 주는 놀이예요.

5 파란색 글자를 바르게 고쳐 쓰세요.

맞춤법

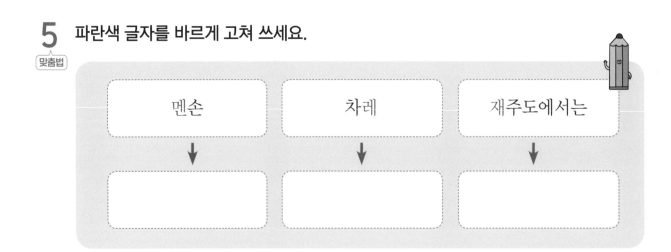

맨손	차례	재주도에서는
↓	↓	↓

28 샌드위치가 음식이 아니었다고?

🔊 다음 글을 소리 내어 읽어 보세요.

샌드위치는 만들기 쉽고 먹기도 편해서 인기가 많은 음식이에요. 그런데 샌드위치는 원래 음식 이름이 아니었어요.

샌드위치는 '모래 마을'이라는 뜻의 영국 지방 이름이에요. 샌드위치를 다스리던 귀족을 샌드위치 백작이라고 불렀지요.

한 샌드위치 백작이 카드놀이에 푹 빠져서 끼니를 챙겨 먹을 시간이 없을 정도였어요. 그래서 한 손으로 카드놀이를 계속할 수 있도록 빵 사이에 음식 재료를 모두 끼워서 먹었대요.

한 손으로 먹으면서 카드놀이를 할 수 있군.

▲ 샌드위치 백작

빵 사이에 재료를 끼운 음식은 옛날부터 있었어요. 그런데 샌드위치 백작 덕분에 그 요리법이 널리 유행하게 되었고, 그런 음식을 모두 샌드위치라고 부르게 된 거랍니다.

1 빈칸에 알맞은 말을 넣어 설명을 완성하세요.
어휘력

보기
높은   퍼져   식사

귀족	집안이 좋고, 신분이 [ ][ ] 사람.
끼니	일정한 시간에 먹는 [ ][ ].
유행	널리 [ ][ ] 많은 사람이 즐기는 것.

2 [ ] 안에 들어갈 내용으로 알맞은 것에 O표 하세요.
이해력

❶ 샌드위치는 원래 음식 [이름이었어요 | 이름이 아니었어요].

❷ 샌드위치는 [영국 | 중국] 지방 이름이에요.

❸ 샌드위치 백작 덕분에 [빵 | 떡] 사이에 재료를 끼운 요리법이
널리 유행했어요.

3 샌드위치의 편한 점 두 가지를 고르세요. (　　,　　)
사고력

① 만들기 쉬워요.

② 인기가 많아요.

③ 먹으면서 다른 일을 할 수 있어요.

줄거리입니다. 빈칸에 들어갈 말을 골라 쓰세요.

내용 정리

보기   빵   모래   카드   음식

만들기 쉽고 먹기도 편한 샌드위치는 원래 ☐☐ 이름이
아니었어요.

↓

샌드위치는 '☐☐ 마을'이라는 뜻의 영국 지방 이름이에요.
그곳을 다스리던 귀족을 샌드위치 백작이라고 불렀지요.

↓

한 샌드위치 백작이 ☐☐ 놀이와 식사를 동시에 하려고
빵 사이에 재료를 끼운 음식을 즐겨 먹었어요.

↓

그 뒤로 ☐ 사이에 재료를 끼운 요리법이 유행하게 되어,
그런 음식을 모두 샌드위치라고 부르게 된 거랍니다.

5 **파란색 글자를 바르게 고쳐 쓰세요.**

맞춤법

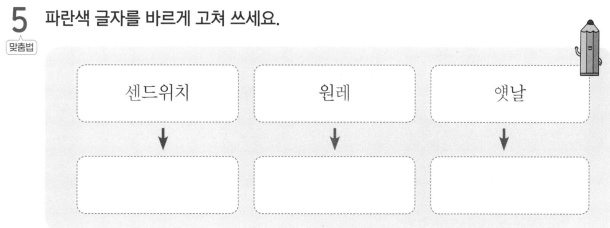

센드위치	원레	얫날
↓	↓	↓

돌로 콩을 갈았다고?

🔊 다음 글을 소리 내어 읽어 보세요.

영양 만점 두부는 콩을 갈아 만들어요.

그런데 우리 조상은 콩을 어떻게 갈았을까요? 바로 돌로 만든 '맷돌'이라는 도구를 사용했어요.

맷돌은 돌 두 짝과 나무 손잡이(맷손)로 되어 있어요. 윗돌과 아랫돌 사이는 쇠(중쇠)로 연결해요. 그래야 윗돌이 돌아가도 아랫돌이 빠지지 않아요.

윗돌의 작은 구멍에 콩을 넣은 뒤 손잡이를 스르륵 돌려요. 그러면 곱게 갈린 콩이 돌 틈 사이로 삐져나와요.

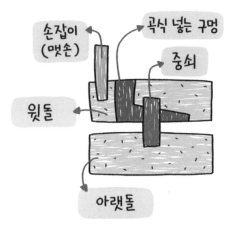

▲ 맷돌의 구조

맷돌은 콩 말고 팥, 밀 등의 다른 곡식을 갈 때도 사용해요. 그래서 예전에는 집집마다 하나씩은 꼭 있었답니다.

◀ 맷돌

1 빈칸에 알맞은 말을 넣어 설명을 완성하세요.

어휘력

보기

보리 높음 쓸리며

영양 만점 ⋮ 영양가가 아주 ▢▢.

스르륵 ⋮ 물건이 서로 ▢▢▢ 나는 소리.

곡식 ⋮ 쌀, ▢▢, 콩 등을 이르는 말.

2 ▢ 안에 들어갈 내용으로 알맞은 것에 O표 하세요.

이해력

❶ 두부는 〔 깨를 ⋮ 콩을 〕 갈아 만들어요.

❷ 맷돌은 돌 〔 두 ⋮ 세 〕 짝과 나무 손잡이로 되어 있어요.

❸ 맷돌은 〔 콩을 갈 때만 ⋮ 다른 곡식을 갈 때도 〕 사용해요.

3 뒤에 이어질 내용으로 알맞은 것은 무엇인가요? (   )

사고력

맷돌에
콩을 갈려면

① 윗돌 구멍에 콩을 넣고 돌려요.

② 아랫돌 구멍에 콩을 넣고 돌려요.

4 줄거리입니다. 빈칸에 들어갈 말을 골라 쓰세요.

내용 정리

보기   곡식   두부   손잡이   윗돌

우리 조상은 콩을 갈아 [|]를 만들 때 맷돌을 사용했어요.

⬇

맷돌은 돌 두 짝과 나무 [| |]로 되어 있고, 돌 두 짝이 떨어지지 않게 쇠로 연결했어요.

⬇

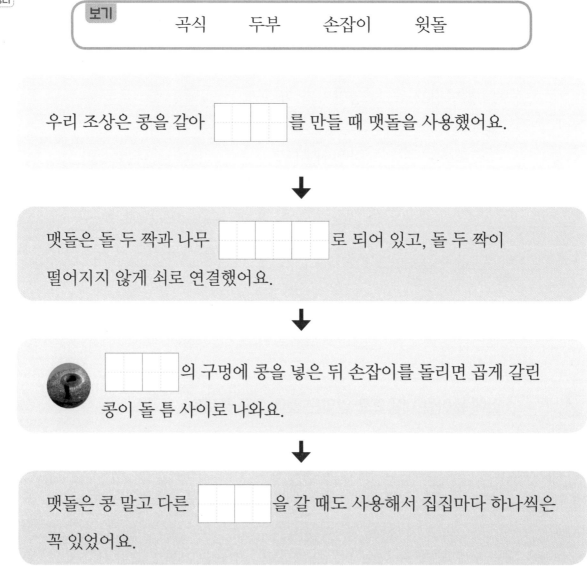 [|]의 구멍에 콩을 넣은 뒤 손잡이를 돌리면 곱게 갈린 콩이 돌 틈 사이로 나와요.

⬇

맷돌은 콩 말고 다른 [|]을 갈 때도 사용해서 집집마다 하나씩은 꼭 있었어요.

5 파란색 글자를 바르게 고쳐 쓰세요.

맞춤법

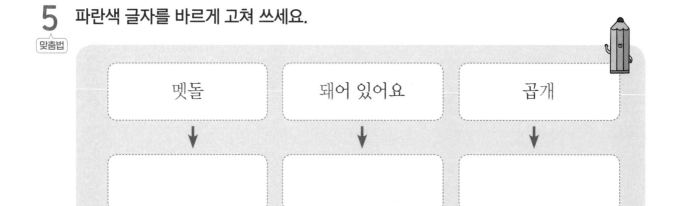

멧돌	돼어 있어요	곱개
⬇	⬇	⬇

사회 상식

강강술래가 나라를 지켰다고?

🔊 다음 글을 소리 내어 읽어 보세요.

우리 조상들은 명절에 여러 가지 민속놀이를 했어요. 추석에 여자들이 했던 민속놀이로는 강강술래가 있지요.

강강술래는 노래를 부르며 여럿이 손을 잡고 원을 그리는 놀이예요. 그런데 그냥 놀이가 아니라 나라를 지킨 놀이랍니다.

옛날에 일본 군대가 우리나라를 쳐들어왔을 때 일이에요. 이순신 장군은 여자들에게 남자 옷을 입혀 군사로 위장했어요. 그리고 원을 그리며 산허리에서 빙글빙글 돌게 했지요.

멀리서 그 모습을 본 적은 깜짝 놀랐어요. 조선의 군사가 엄청나게 많다고 착각했거든요. 그들은 두려워서 한동안 공격하지 못했다고 해요. 정말 고마운 놀이지요?

1 빈칸에 알맞은 말을 넣어 설명을 완성하세요.

어휘력

보기
꾸미다   군인   다르게

군사	예전에, ☐☐이나 군대를 부르던 말.
위장하다	원래 모습을 거짓으로 ☐☐☐☐.
착각	실제와 ☐☐☐ 생각함.

2 ☐ 안에 들어갈 내용으로 알맞은 것에 O표 하세요.

이해력

❶ 추석 ┊ 설날 에 여자들이 했던 민속놀이로는 강강술래가 있어요.

❷ 강강술래는 여럿이 원 ┊ 사각형 을 그리는 놀이예요.

❸ 이순신 장군은 여자들에게 남자 옷을 입혀 학생으로 ┊ 군사로 위장했어요.

3 강강술래 모습을 멀리서 본 일본 군대는 어떤 생각을 했을까요? (   )

사고력

① '불을 피우고 모여서 요리를 하네.'

② '군사들이 엄청나게 많구나!'

③ '여자들이 많이 있네.'

4 줄거리입니다. 빈칸에 들어갈 말을 골라 쓰세요.

내용 정리

보기   나라   일본   많다   추석

민속놀이 중에 ⬜⬜ 에 여자들이 했던 놀이로 강강술래가 있어요.

⬇️

여럿이 노래 부르며 손을 잡고 원을 그리는 강강술래는 ⬜⬜ 를 지킨 놀이랍니다.

⬇️

⬜⬜ 군대가 쳐들어왔을 때 이순신 장군은 여자들을 군사로 위장하고 산허리에서 빙글빙글 돌게 했지요.

⬇️

적들은 그 모습을 보고, 조선의 군사들이 ⬜⬜ 고 착각하여 한동안 공격하지 못했다고 해요.

5 파란색 글자를 바르게 고쳐 쓰세요.

맞춤법

강강술레	일본 군데가	처들어왔을 때
⬇️	⬇️	⬇️

사회 상식

북극곰 수영 대회가 있다고?

🔊 다음 글을 소리 내어 읽어 보세요.

북극곰 수영 대회는 북극곰이 모여서 하는 대회가 아니에요. 사람들이 맨몸으로 바다에 뛰어들며 즐기는 겨울 축제예요.

▲ 북극곰 수영 대회 포스터

백여 년 전 캐나다에서 새해를 맞이한 기념으로 사람들이 바다에 풍덩 뛰어들었대요. 그 모습이 재미있어 보여서 너도나도 따라 하며 시작하게 되었지요.

북극곰 수영 대회에는 우승자가 없어요. 수영 실력을 겨루는 대회가 아니거든요. 친구들끼리 차가운 바다에 뛰어들어 즐거운 추억을 만들기 위한 행사이지요.

이제 북극곰 수영 대회는 전 세계에 널리널리 퍼졌어요. 우리나라에서는 '북극곰수영축제'라는 이름으로 부산 해운대 앞바다에서 열린답니다.

1 빈칸에 알맞은 말을 넣어 설명을 완성하세요.

어휘력

기억　오는　축하　보기

축제 ┊ 　　　　하며 벌이는 큰 행사.

맞이하다 ┊ 　　　　것을 받아들이다.

추억 ┊ 지나간 일을 　　　　하고 생각함.

2 안에 들어갈 내용으로 알맞은 것에 O표 하세요.

이해력

❶ 북극곰 수영 대회는 [북극곰들이 ┊ 사람들이] 바다에 뛰어들며 즐기는 겨울 축제예요.

❷ 북극곰 수영 대회는 [캐나다 ┊ 스위스] 에서 시작됐어요.

❸ 우리나라에서는 [부산 ┊ 서울] 에서 열려요.

3 글의 내용을 잘 이해한 친구는 누구인가요? (　　　)

사고력

① 북극곰 수영 대회는 수영 실력이 뛰어난 사람만 참가할 수 있어.

바쁘냥

② 북극곰 수영 대회는 전 세계에 널리 퍼졌어.

바빠독

4 줄거리입니다. 빈칸에 들어갈 말을 골라 쓰세요.

내용 정리

> **보기**　　　부산　　　축제　　　수영　　　새해

북극곰 수영 대회는 겨울 ☐☐예요.

⬇

캐나다에서 ☐☐를 맞이하여 사람들이 바다에 뛰어들었는데,
너도나도 따라 하며 시작됐어요.

⬇

☐☐ 실력으로 우승자를 가리기보다는 즐거운 추억을
만드는 거예요.

⬇

전 세계에 널리 퍼져 우리나라에서도 ☐☐ 해운대에서
열린답니다.

5 파란색 글자를 바르게 고쳐 쓰세요.

맞춤법

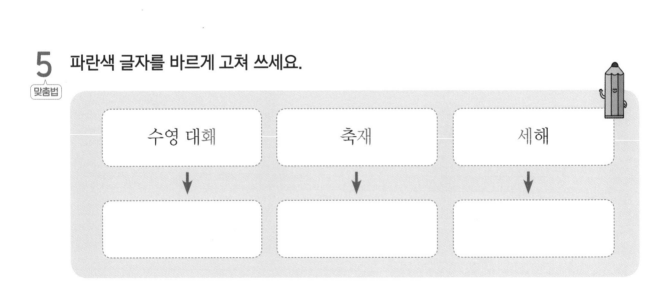

수영 대홰	축재	세해
⬇	⬇	⬇

파도에 떠밀려 온 고래를 보면?

🔊 다음 글을 소리 내어 읽어 보세요.

파도에 떠밀려 온 가엾은 고래를 발견하면 어떻게 해야 할까요? 고래를 억지로 바다로 돌려보내려고 하면 큰일 나요.

먼저 도와줄 어른을 찾으세요. 그리고 119에 구조 신고를 해요. 무엇보다 위치를 정확하게 알리는 게 중요해요.

이제 고래 몸이 마르지 않도록 바닷물을 끼얹어 주세요. 이때 머리에 난 숨구멍으로 물이나 모래가 들어가지 않게 조심하세요.

그리고 고래가 놀라지 않게 조용히 구조대원을 기다려야 해요. 이렇게 하면 소중한 고래의 목숨을 살릴 수 있어요.

1 빈칸에 알맞은 말을 넣어 설명을 완성하세요.

보기

뿌리다	불쌍하다	구해

가엾다	마음이 아플 만큼 _____ .
구조	어려움에 빠진 이를 ____ 줌.
끼얹다	물이 잘 흩어지도록 ____ .

2 ☐ 안에 들어갈 내용으로 알맞은 것에 O표 하세요.

❶ 구조 신고를 할 때 │ 위치를 │ 시간을 │ 정확하게 알려야 해요.

❷ 고래 몸이 │ 마르지 않도록 │ 마르도록 │ 바닷물을 끼얹어 줘야 해요.

❸ 고래가 놀라지 않게 │ 떠들면서 │ 조용히 │ 구조대원을 기다려야 해요.

3 글의 내용을 잘 이해한 친구는 누구인가요? (　　　)

① 파도에 떠밀려 온 고래의 몸이
마르지 않는 게 중요하구나.

바쁜냥

② 고래는 숨을 쉬는 구멍이
꼬리에 있구나.

바빠독

4 줄거리입니다. 빈칸에 들어갈 말을 골라 쓰세요.

내용 정리

보기
대원   숨구멍   신고   고래

파도에 떠밀려 온 [　|　]를 억지로 바다로 돌려보내려고
하면 안 돼요.

↓

먼저 도와줄 어른을 찾고, 119에 구조 [　|　]를 해요.
이때 위치를 정확하게 알려요.

↓

고래 몸이 마르지 않게 바닷물을 끼얹는데 [　|　|　]으로 물이나
모래가 들어가지 않도록 조심해야 해요.

↓

고래가 놀라지 않게 조용히 구조 [　|　]을 기다리면 고래의 목숨을
살릴 수 있어요.

5 파란색 글자를 바르게 고쳐 쓰세요.

맞춤법

가엾은 고래	도아줄 어른	구조데원
↓	↓	↓

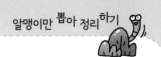

1 이야기의 내용과 어울리는 문장끼리 알맞게 연결하세요.

꼬부랑 호미는	겨울 축제예요.
북극곰 수영 대회는	'기러기 놀이'라고 불렀어요.
제주도에서는 꼬리잡기를	맷돌을 사용했어요.
우리 조상은 콩을 갈 때	세계적으로 유명해졌어요.

2 〈보기〉의 말을 낱말 판에서 찾아 묶어 보세요.

보기
꼬부랑　귀족　스르륵　위장　추억

흝	귀	족	줘	케	뿐	굿
꼬	펩	새	위	장	죽	추
부	표	추	켜	컹	옅	억
랑	읊	스	르	륵	벼	켠
솩	퐁	읇	변	송	콧	갭

바쁜 초등학생을 위한 빠른 독해 정답

1단계
초등 1~2학년

① 정답을 확인한 후 틀린 문제는 ☆표를 쳐 놓으세요~

② 그리고 그 문제들만 다시 풀어 보는 습관을 들이면 최고!

✏️ 내가 틀린 문제를 확인하는 습관을 들이면
아무리 바쁘더라도 공부 실력을 키울 수 있어요!

01 13~14쪽

1 해, 화, 척

2 ① 저녁 ② 어쩔 수 없이 ③ 시치미를 뗐어요

3 ②

4 초대 ➡ 음식 ➡ 부리 ➡ 얄미운

5 대접하고 싶어, 붉으락푸르락, 정성껏

※ 파란색 글자만 써도 정답입니다.

02 16~17쪽

1 은혜, 설레다, 가만히

2 ① 들떴어요 ② 먹을 수 없게
③ 바라만 보았어요

3 ③

4 보답 ➡ 고기 ➡ 주둥이 ➡ 준비한

5 맛있는, 집에 갔어요, 많이 먹으렴

03 19~20쪽

1 기가, 마음, 자신

2 ① 나는 ② 거절했어요 ③ 자신만만하게

3 ②

4 독수리 ➡ 날개 ➡ 하늘 ➡ 등딱지

5 어이없다, 찾아와서, 괜찮아

04 22~23쪽

1 오므려, 다리, 기뻐서

2 ① 빠르게 ② 걱정했어요 ③ 땅에 떨어졌어요

3 ②

4 등딱지 ➡ 다리 ➡ 무시 ➡ 떨어져

5 힘껏, 날개가 없다고, 크게 다쳤답니다

05 25~26쪽

1 눈, 침, 입

2 ① 고픈 ② 어렵게 ③ 주먹 한가득

3 ①

4 간식 ➡ 항아리 ➡ 입 ➡ 한가득

5 밖에서 놀다가, 식탁에 놓인 항아리,
입맛을 다셨어요

06 28~29쪽

1 애쓰는, 웃는, 마음

2 ① 잘 안 ② 반쯤 놓으라고 ③ 방긋 웃었어요

3 ①

4 주먹 ➡ 집 ➡ 반쯤 ➡ 해결

5 안간힘을 썼지만, 반쯤 놓으렴, 방긋

07 　　　　　　　　　　　　　31~32쪽

1 한꺼번, 모여, 비웃고

2 ❶ 다음날 ❷ 곤충 ❸ 믿지 않았어요

3 ①

4 개미굴 ➡ 번데기 ➡ 곤충 ➡ 더듬이

5 비바람이 그쳤네, 붙어 있는, 어쨌든

08 　　　　　　　　　　　　　34~35쪽

1 햇빛, 물기, 얇은

2 ❶ 걷는 ❷ 알 수 없었어요 ❸ 번데기

3 ①

4 소나기 ➡ 날개 ➡ 나비 ➡ 먹이

5 소나기가 쏟아져, 날갯짓, 제대로 걷지도

첫째 마당 복습　　　　　　36쪽

1 이야기의 제목과 배울 점을 알맞게 연결하세요.

욕심쟁이와 땅콩		남을 잘 대접해야 나도 제대로 대접받는다.
하늘을 날고 싶은 거북		잘 알지도 못하면서 함부로 남을 놀리면 안 된다.
여우와 두루미		욕심을 조금만 버리면 문제를 해결하기가 쉬워진다.
개미와 번데기		남의 재주를 무조건 따라 하면 위험에 빠진다.

2 〈보기〉의 말을 낱말 판에서 찾아 묶어 보세요.

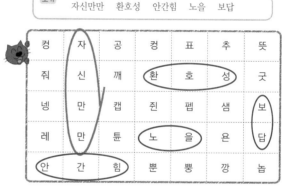

보기　자신만만　환호성　안간힘　노을　보답

컹	자	공	컹	표	추	뜻
쭤	신	깨	환	호	성	굿
넹	만	캡	쥔	펩	샘	보
레	만	튠	노	을	욘	답
안	간	힘	뿐	뿡	깡	놉

다섯 고개 놀이

호 박사

나는 누구일까요? 첫째 마당에 나온 낱말이에요!

1. 나는 곤충입니다.

2. 어떤 사람은 나를 징그럽다고 여깁니다.

3. 나를 말려서 삶으면 맛있는 간식이 됩니다.

4. 마트에 가면 나를 캔에 넣어 팝니다.

5. 멋진 나비는 나에게서 나옵니다.

| ㅂ | ㄷ | ㄱ |

정답 번데기

정답

09   39~40쪽

1   일으키는, 끈끈, 무조건

2   ❶ 같은 ❷ 걸러 ❸ 섞여서

3   ①

4   공기 ➡ 병균 ➡ 액체 ➡ 신호

5   공기∨속, 우리∨몸

10   42~43쪽

1   어두운, 잘게, 빛나며

2   ❶ 세균 ❷ 달팽이는 ❸ 주황색

3   ②

4   쓸개 ➡ 세균 ➡ 당근 ➡ 새우

5   음식∨찌꺼기, 붉은색∨똥

11   45~46쪽

1   반대, 빽빽, 쉽게

2   ❶ 흰곰 ❷ 검은색 ❸ 촘촘하게

3   ①

4   덩치 ➡ 햇빛 ➡ 속살 ➡ 피부

5   얼음∨위, 찬∨공기

12   48~49쪽

1   짧은, 이리저리, 흔하게

2   ❶ 돌멩이 ❷ 활활 타며 ❸ 드물게

3   ②

4   별똥별 ➡ 우주 ➡ 땅 ➡ 운석

5   활활∨타며, 운∨좋게

13   51~52쪽

1   굵어서, 흔적, 끊어지지

2   ❶ 초식 ❷ 돌멩이 ❸ 소화를 도우려고

3   ①

4   돌멩이 ➡ 사우루스 ➡ 풀뿌리 ➡ 소화

5   풀과∨나뭇잎, 함께∨삼키면

14   54~55쪽

1   둥글둥글, 밤, 차이

2   ❶ 둘 다 ❷ ㅂ자 ❸ 없어요

3   ②

4   야행성 ➡ 구별 ➡ 삐죽삐죽 ➡ 둥글둥글

5   둘∨다, 얼굴∨깃털

15 57~58쪽

1 괜찮다, 비밀, 물

2 ❶ 사막 ❷ 지방 ❸ 많이

3 ②

4 사막 ➡ 지방 ➡ 수분 ➡ 오줌

5 살기∨힘들어요, 커다란∨혹

16 60~61쪽

1 몸, 작은, 주위

2 ❶ 죽게 ❷ 죽은 ❸ 약해져요

3 ②

4 건강 ➡ 싸움꾼 ➡ 고름 ➡ 높은

5 사람∨체온, 합동∨작전

둘째 마당 복습 62쪽

1 이야기의 내용과 어울리는 문장끼리 알맞게 연결하세요.

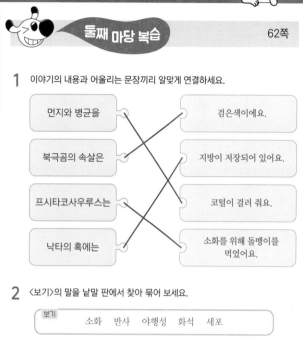

먼지와 병균을	검은색이에요.
북극곰의 속살은	지방이 저장되어 있어요.
프시타코사우루스는	코털이 걸러 줘요.
낙타의 혹에는	소화를 위해 돌멩이를 먹었어요.

2 〈보기〉의 말을 낱말 판에서 찾아 묶어 보세요.

보기 소화 반사 야행성 화석 세포

소	화	결	형	깻	뿐	굿
쥐	펩	샘	야	캡	죽	세
반	사	욘	행	튠	볏	포
켜	표	추	성	공	옅	뜻
쇼	콘	읍	상	화	석	겝

다섯 고개 놀이

호 박사

나는 누구일까요? 둘째 마당에 나온 낱말이에요!

1. 여러분은 나를 맨손으로 만들 수 있습니다.

2. 내가 생기는 건 여러분이 건강하다는 증거예요.

3. 나는 처음에는 부드럽고 나중에는 딱딱합니다.

4. 나를 옷에 닦으면 엄마에게 혼납니다.

5. 나를 뭉쳐서 던져도 엄마에게 혼납니다.

| ㅋ | ㅍ | ㅈ |

17 65~66쪽

1 소, 마음, 뒤로

2 ❶ 고파서 ❷ 곶감을 ❸ 무서웠어요

3 ②

4 외양간 ➡ 호랑이 ➡ 곶감 ➡ 살금살금

5 으로, 는

18 68~69쪽

1 튼튼, 놀라는, 없어

2 ❶ 아무것도 모르고 ❷ 곶감 ❸ 얼씬거리지

3 ①

4 엉덩이 ➡ 등 ➡ 달빛 ➡ 소도둑

5 가, 는

19 71~72쪽

1 구덩이, 뾰족한, 판단

2 ❶ 나무꾼 ❷ 통나무를 ❸ 사람

3 ②

4 함정 ➡ 맹세 ➡ 사람 ➡ 재판

5 에, 을

20 74~75쪽

1 결정, 똑같이, 당황

2 ❶ 사람이 ❷ 사람이 ❸ 호랑이

3 ②

4 나무 ➡ 토끼 ➡ 답답하다 ➡ 집

5 가, 으로

21 77~78쪽

1 숙이다, 눕다, 괴롭히다

2 ❶ 벌 ❷ 걱정스러운 ❸ 아버지

3 ③

4 산딸기 ➡ 한겨울 ➡ 이방 ➡ 걱정

5 까지, 께서

22 80~81쪽

1 칭찬, 믿음직, 많이

2 ❶ 뱀 ❷ 한겨울 ❸ 사과했어요

3 ②

4 뱀 ➡ 꾀병 ➡ 한겨울 ➡ 용돈

5 에게, 도

23

83~84쪽

1 귀엽다, 수레, 크게

2 ❶ 밭 ❷ 선물 ❸ 송아지

3 ②

4 송아지 ➡ 상 ➡ 마음씨 ➡ 무

5 만, 에

24

86~87쪽

1 질투, 꾸미는, 꾀

2 ❶ 배가 아팠어요 ❷ 송아지 ❸ 이방은

3 ③

4 고운 ➡ 상 ➡ 잔꾀 ➡ 욕심쟁이

5 에, 으로

셋째 마당 복습

88쪽

1 이야기의 제목과 등장인물을 알맞게 연결하세요.

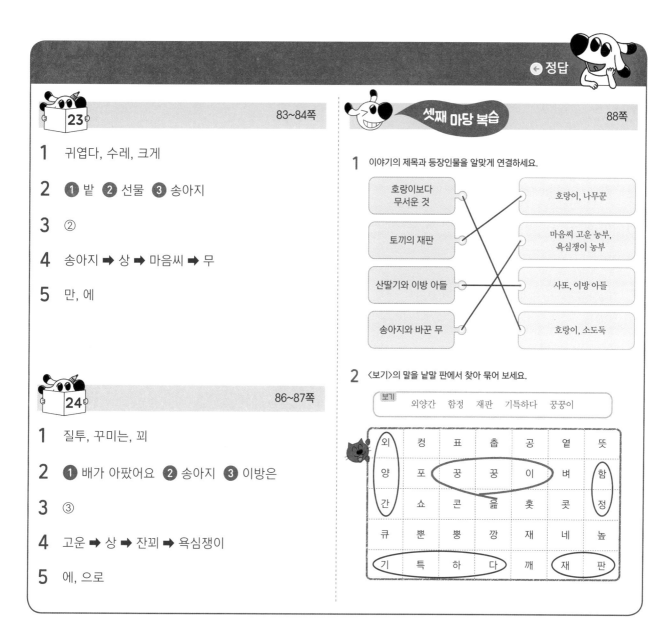

호랑이보다 무서운 것 — 호랑이, 소도둑

토끼의 재판 — 호랑이, 나무꾼

산딸기와 이방 아들 — 사또, 이방 아들

송아지와 바꾼 무 — 마음씨 고운 농부, 욕심쟁이 농부

2 〈보기〉의 말을 낱말 판에서 찾아 묶어 보세요.

보기 외양간 함정 재판 기특하다 꿍꿍이

외	컹	표	춥	공	옅	뜻
양	포	꿍	꿍	이	벼	함
간	쇼	콘	흚	훗	콧	정
큐	뿐	뿡	깡	재	네	높
기	특	하	다	깨	재	판

다섯 고개 놀이

호 박사

나는 누구일까요? 셋째 마당에 나온 낱말이에요!

1. 나는 쫄깃합니다.
2. 나는 달콤합니다.
3. 나는 어떤 과일을 말린 것입니다.
4. 나는 나이가 들면 얼굴에 하얀 가루가 생깁니다.
5. 호랑이는 내가 자기보다 무섭다고 여깁니다.

┌─┬─┐
│ㄱ│ㄱ│
└─┴─┘

정답: 곶감

25 91~92쪽

1 농사, 날카로운, 휘어져

2 ❶ 나무 ❷ 세모 ❸ 작고 가벼워서

3 ①, ②

4 감자 ➡ 쇠 ➡ 스타 ➡ 꽃삽

5 감자를 캐다, 세계적인 스타, 외국 사람

26 94~95쪽

1 즐겁고, 따라, 떨리고

2 ❶ 많이 ❷ 힘차게 ❸ 좋아져요

3 ①, ③

4 복 ➡ 심장 ➡ 스트레스 ➡ 건강

5 힘차게 뛰어서, 깨끗해져요, 신체 건강

27 96~97쪽

1 전해져, 줄지어, 합치려는

2 ❶ 허리를 ❷ 져요 ❸ 협동심

3 ①

4 전통 ➡ 허리 ➡ 꼬리 ➡ 기러기

5 맨손, 차례, 제주도에서는

28 100~101쪽

1 높은, 식사, 퍼져

2 ❶ 이름이 아니었어요 ❷ 영국 ❸ 빵

3 ①, ③

4 음식 ➡ 모래 ➡ 카드 ➡ 빵

5 샌드위치, 원래, 옛날

29 103~104쪽

1 높음, 쓸리며, 보리

2 ❶ 콩을 ❷ 두 ❸ 다른 곡식을 갈 때도

3 ①

4 두부 ➡ 손잡이 ➡ 윗돌 ➡ 곡식

5 맷돌, 되어 있어요, 곱게

30 106~107쪽

1 군인, 꾸미다, 다르게

2 ❶ 추석 ❷ 원 ❸ 군사로

3 ②

4 추석 ➡ 나라 ➡ 일본 ➡ 많다

5 강강술래, 일본 군대가, 쳐들어왔을 때

 31 　　　　　　　　　　　109~110쪽

1 축하, 오는, 기억

2 ❶ 사람들이 ❷ 캐나다 ❸ 부산

3 ②

4 축제 ➡ 새해 ➡ 수영 ➡ 부산

5 수영 대회, 축제, 새해

 32 　　　　　　　　　　　112~113쪽

1 불쌍하다, 구해, 뿌리다

2 ❶ 위치를 ❷ 마르지 않도록 ❸ 조용히

3 ①

4 고래 ➡ 신고 ➡ 숨구멍 ➡ 대원

5 가엾은 고래, 도와줄 어른, 구조대원

 넷째 마당 복습 　　　114쪽

1 이야기의 내용과 어울리는 문장끼리 알맞게 연결하세요.

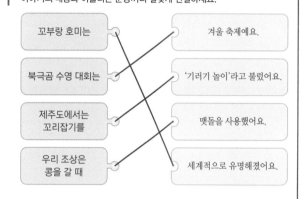

꼬부랑 호미는	겨울 축제예요.
북극곰 수영 대회는	'기러기 놀이'라고 불렀어요.
제주도에서는 꼬리잡기를	맷돌을 사용했어요.
우리 조상은 콩을 갈 때	세계적으로 유명해졌어요.

2 〈보기〉의 말을 낱말 판에서 찾아 묶어 보세요.

보기　꼬부랑　귀족　스르륵　위장　추억

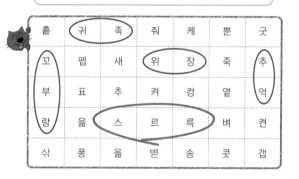

흩	귀	족	줘	케	뿐	굿
꼬	펩	새	위	장	죽	추
부	표	추	켜	컹	옅	억
랑	읊	스	르	륵	벼	켠
삯	퐁	읊	볕	송	콧	갭

다섯 고개 놀이
호 박사

나는 누구일까요? 넷째 마당에 나온 낱말이에요!

1. 나는 물고기가 아닙니다.
2. 나는 분수를 만들 수 있습니다.
3. 나는 새끼로 태어납니다.
4. 나는 엄마의 젖을 먹고 자랍니다.
5. 내 이름 뒤에 '밥'을 붙인 과자도 있습니다.

ㄱ　ㄹ

 정답 고래

바빠쌤이 알려 주는 '바빠 영어' 학습 로드맵

'바빠 영어'로 초등 영어 끝내기!

이 순서로
공부하세요~

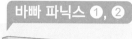 바빠 파닉스 ❶, ❷

 바빠 사이트 워드 ❶, ❷

바빠 3·4 영단어

바빠 5·6 영단어

바빠 5·6 영어 시제

+

+

+

바빠 3·4 영문법 ❶, ❷

바빠 5·6 영문법 ❶, ❷

바빠 5·6 영작문

바빠 시리즈 초등 학년별 추천 도서

학년	학기별 연산책 바빠 교과서 연산 학기 중, 선행용으로 추천!	나 혼자 푼다! 수학 문장제 학교 시험 서술형 완벽 대비!
1학년	·바쁜 1학년을 위한 빠른 교과서 연산 1-1 ·바쁜 1학년을 위한 빠른 교과서 연산 1-2	·나 혼자 푼다! 수학 문장제 1-1 ·나 혼자 푼다! 수학 문장제 1-2
2학년	·바쁜 2학년을 위한 빠른 교과서 연산 2-1 ·바쁜 2학년을 위한 빠른 교과서 연산 2-2	·나 혼자 푼다! 수학 문장제 2-1 ·나 혼자 푼다! 수학 문장제 2-2
3학년	·바쁜 3학년을 위한 빠른 교과서 연산 3-1 ·바쁜 3학년을 위한 빠른 교과서 연산 3-2	·나 혼자 푼다! 수학 문장제 3-1 ·나 혼자 푼다! 수학 문장제 3-2
4학년	·바쁜 4학년을 위한 빠른 교과서 연산 4-1 ·바쁜 4학년을 위한 빠른 교과서 연산 4-2	·나 혼자 푼다! 수학 문장제 4-1 ·나 혼자 푼다! 수학 문장제 4-2
5학년	·바쁜 5학년을 위한 빠른 교과서 연산 5-1 ·바쁜 5학년을 위한 빠른 교과서 연산 5-2	·나 혼자 푼다! 수학 문장제 5-1 ·나 혼자 푼다! 수학 문장제 5-2
6학년	·바쁜 6학년을 위한 빠른 교과서 연산 6-1 ·바쁜 6학년을 위한 빠른 교과서 연산 6-2	·나 혼자 푼다! 수학 문장제 6-1 ·나 혼자 푼다! 수학 문장제 6-2

'바빠 교과서 연산'과
'나 혼자 문장제'를
함께 풀면
한 학기 수학 완성!

바쁜 친구들이 즐거워지는 **빠른** 학습서

영역별 연산책 바빠 연산법
방학 때나 학습 결손이 생겼을 때~

- 바쁜 1·2학년을 위한 빠른 **덧셈**
- 바쁜 1·2학년을 위한 빠른 **뺄셈**
- 바쁜 초등학생을 위한 빠른 **구구단**
- 바쁜 초등학생을 위한 빠른 **시계와 시간**
- 보일락 말락~ 바빠 **구구단판** + 원리노트

- 바쁜 3·4학년을 위한 빠른 **덧셈**
- 바쁜 3·4학년을 위한 빠른 **뺄셈**
- 바쁜 3·4학년을 위한 빠른 **분수**
- 바쁜 3·4학년을 위한 빠른 **곱셈**
- 바쁜 3·4학년을 위한 빠른 **나눗셈**
  (4학년부터 권장합니다.)

- 바쁜 5·6학년을 위한 빠른 **곱셈**
- 바쁜 5·6학년을 위한 빠른 **나눗셈**
- 바쁜 5·6학년을 위한 빠른 **분수**
- 바쁜 5·6학년을 위한 빠른 **소수**
  (6학년부터 권장합니다.)

바빠 국어/ 급수한자
초등 교과서 필수 어휘와 문해력 완성!

- 바쁜 초등학생을 위한 빠른 **맞춤법 1**
- 바쁜 초등학생을 위한 빠른 **급수한자 8급**
- 바쁜 초등학생을 위한 빠른 **독해 1, 2**

- 바쁜 초등학생을 위한 빠른 **독해 3, 4**
- 바쁜 초등학생을 위한 빠른 **맞춤법 2**
- 바쁜 초등학생을 위한 빠른 **급수한자 7급 1, 2**

- 바쁜 초등학생을 위한 빠른 **급수한자 6급 1, 2, 3**
- 보일락 말락~ 바빠 **급수한자판** + 6·7·8급 모의시험

- 바쁜 초등학생을 위한 빠른 **독해 5, 6**
  (근간)

재미있게 읽다 보면 나도 모르게 교과 지식까지 쑥쑥!

바빠 영어
우리 집, 방학 특강 교재로 인기 최고!

- 바쁜 초등학생을 위한 빠른 **사이트 워드 1, 2**
- 바쁜 초등학생을 위한 빠른 **파닉스 1, 2**

- 바쁜 3·4학년을 위한 빠른 **영단어**
- 바쁜 3·4학년을 위한 빠른 **영문법 1, 2**

같은 시간을 공부해도 효과 극대화!

- 바쁜 5·6학년을 위한 빠른 **영단어**
- 바쁜 5·6학년을 위한 빠른 **영문법 1, 2**
- 바쁜 5·6학년을 위한 빠른 **영어특강 - 영어 시제 편**
- 바쁜 5·6학년을 위한 빠른 **영작문**

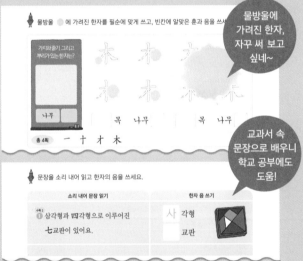